새로운 도서,
다양한 자료
동양북스
홈페이지에서
만나보세요!

www.dongyangbooks.com
m.dongyangbooks.com

※ 학습자료 및 MP3 제공 여부는 도서마다 상이하므로 확인 후 이용 바랍니다.

홈페이지 도서 자료실에서 학습자료 및 MP3 무료 다운로드

PC

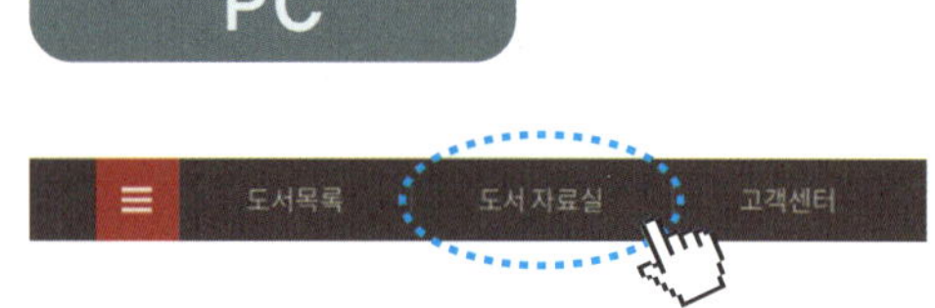

❶ 홈페이지 접속 후 도서 자료실 클릭
❷ 하단 검색 창에 검색어 입력
❸ MP3, 정답과 해설, 부가자료 등 첨부파일 다운로드
* 원하는 자료가 없는 경우 '요청하기' 클릭!

MOBILE

* 반드시 '인터넷, Safari, Chrome' App을 이용하여 홈페이지에 접속해주세요. (네이버, 다음 App 이용 시 첨부파일의 확장자명이 변경되어 저장되는 오류가 발생할 수 있습니다.)

❶ 홈페이지 접속 후 ☰ 터치

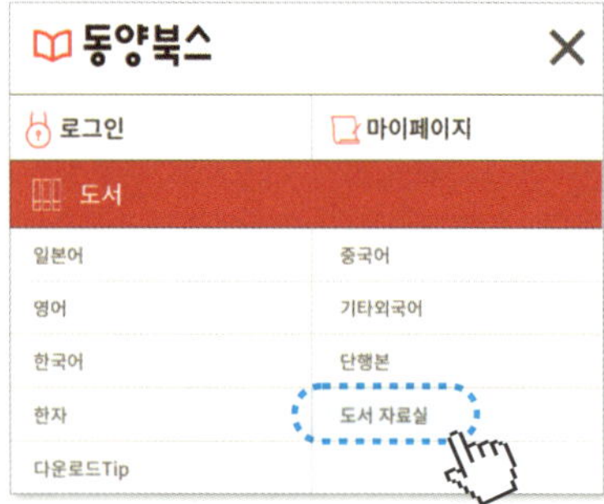

❷ 도서 자료실 터치

❸ 하단 검색창에 검색어 입력
❹ MP3, 정답과 해설, 부가자료 등 첨부파일 다운로드
* 압축 해제 방법은 '다운로드 Tip' 참고

버전업!
가장 쉬운
아랍어
첫걸음
우희정 지음

초판 9쇄 | 2024년 4월 10일

지은이 | 우희정
발행인 | 김태웅
편   집 | 김현아
마케팅 총괄 | 김철영
제   작 | 현대순

발행처 | (주)동양북스
등   록 | 제2014-000055호
주   소 | 서울시 마포구 동교로 22길 14 (04030)
전   화 | (02) 337-1763
팩   스 | (02) 334-6624

www.dongyangbooks.com
blog.naver.com/dymg98

ISBN 978-89-8300-943-2 13790

ⓒ우희정, 2012

머리말

아랍어는 아라비아 반도의 사우디아라비아부터 서쪽으로 북부 아프리카의 모로코까지 22개국의 공용어이며 UN의 6대 공용어 중 하나입니다. 그리고 전 세계 13억 무슬림들의 종교 언어이기도 합니다. 또한, 우리나라와 중동 지역은 경제적, 정치적으로 긴밀한 관계를 맺고 있기 때문에 아랍어의 중요성은 나날이 높아지고 있습니다. 과거에는 다른 외국어에 견주어 아랍어의 중요성이 상대적으로 낮게 평가되었으나, 아랍어 교육의 중요성이 뒤늦게 드러나며 2002년 고등학교 교육 과정의 제2외국어 과목으로 채택되어 많은 수험생이 아랍어를 공부하고 있습니다. 또한, 아랍 지역 민주화 물결과 고유가, 건설 붐 등 덕분에 아랍어가 재조명되고 있습니다

아랍어는 알파벳이 다른 언어에 비해 매우 생소하고, 기초 아랍어 서적이나 관련 교습 시설이 부족해 배움의 장벽이 다소 높은 편입니다. 이 책은 아랍어를 처음 시작하는 분들이 쉽고 재미있게 익히는 데 중점을 두었습니다. 아랍어의 자모음부터 시작해 기초 문법, 상황별 회화를 중심으로 구성되어 있습니다. 어렵게만 보이는 아랍어도 이 책과 함께 기초부터 차근차근히 배워간다면 꾸준히 실력을 높일 수 있을 것입니다.

아랍어를 공부하고 싶어도 어떻게 시작해야 할지 몰라 막막하신 분들에게 이 책이 유용한 길잡이가 될 수 있기를 바랍니다.

이 책을 만드는 데 도움을 주신 모든 분께 감사드립니다.

지은이 우희정

차 례

머리말 · 3

차례 · 4

일러두기 · 6

발음편 · 7

PART 01 안녕하세요. · 26

PART 02 당신은 누구입니까? · 38

PART 03 이것은 무엇입니까? · 50

PART 04 가족 사진 · 62

PART 05 날씨가 어떻습니까? · 72

PART 06 어제 날씨가 어땠습니까? · 82

PART 07 당신은 오늘 약속이 있습니까? · 92

PART 08 박물관이 어디에 있습니까? · 102

PART 09 당신은 무엇을 하고 있습니까? · 112

PART 10 당신의 취미는 무엇입니까? · 122

PART 11 무엇을 드시겠어요? · 132

PART 12 어디가 아프십니까? · 142

PART 13 얼마입니까? · 152

Contents

PART 14 지금 몇 시입니까? · 162

PART 15 오늘은 무슨 요일입니까? · 172

PART 16 휴일에 무엇을 할 예정입니까? · 182

PART 17 한국의 유명한 관광지는 무엇입니까? · 194

PART 18 아랍 국가의 유명한 관광지는 무엇입니까? · 204

연습 문제 정답 · 215

일러두기

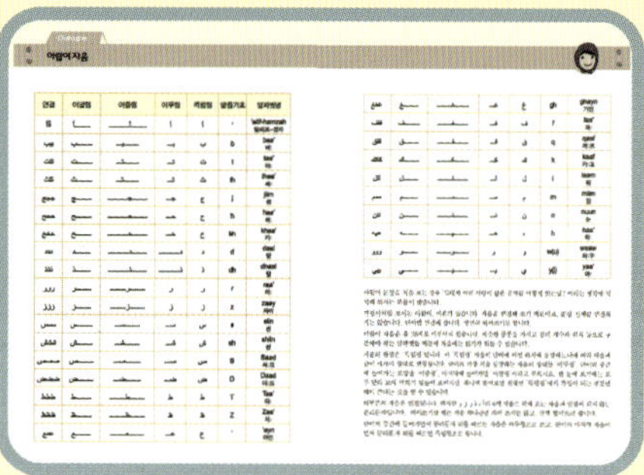

아랍어의 가장 기초가 되는 글자와 발음을
익히는 페이지입니다. 본문의 문법과 회화
를 익히기 전에 이 부분을 공부하셔야 합
니다. MP3의 정확한 발음을 듣고 따라 하
는 연습을 해 보세요.

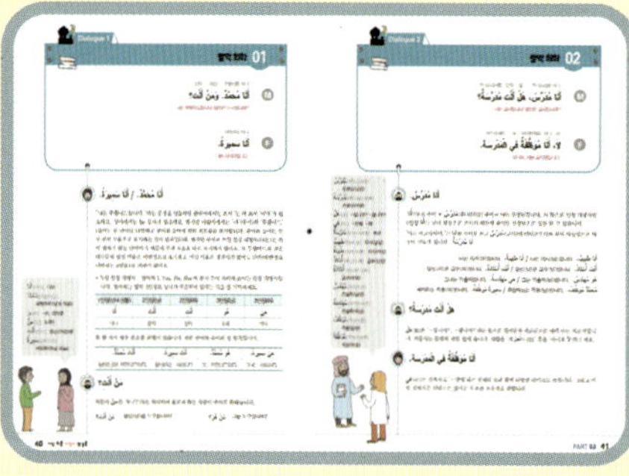

가장 기본이 되는 회화문이 과마다 4~6개
실려 있습니다. 각각 해설이 있어 이해가
쉽습니다. 아랍어는 한글과는 반대로 문장
을 오른쪽에서 왼쪽으로 읽는다는 점에 주
의하세요. 편의상 6과까지 한글 발음이 아
랍어 회화문 아래에 표기되어 있습니다만,
어디까지나 참고일뿐이니 가급적 MP3의
원어민 발음을 듣고 공부하시길 바랍니다.

앞에서 배운 짤막 회화의 문법과 표현이
적용된 응용대화문입니다.

앞에서 배운 것을 문제로 테스트하는 페이
지입니다.

발음편

아랍어의 기본
글자를 익힙시다

- 아랍어 자음
- 자음 쓰기와 발음
- 자음 연결 연습
- 자음 분리 연습
- 모음 및 기타 발음 부호

아랍어 자음

연결	어말형	어중형	어두형	독립형	발음기호	알파벳명
أأأ	ـأ	ـأـ	أ	أ	'	'alif-hamzah 알리프-함자
ببب	ـب	ـبـ	بـ	ب	b	baa' 바:
تتت	ـت	ـتـ	تـ	ت	t	taa' 타:
ثثث	ـث	ـثـ	ثـ	ث	th	thaa' 싸:
ججج	ـج	ـجـ	جـ	ج	j	jiim 쥠
ححح	ـح	ـحـ	حـ	ح	ħ	ħaa' 하:
خخخ	ـخ	ـخـ	خـ	خ	kh	khaa' 카:
ددد	ـد	ـدـ	دـ	د	d	daal 달
ذذذ	ـذ	ـذـ	ذـ	ذ	dh	dhaal 달
ررر	ـر	ـرـ	رـ	ر	r	raa' 라:
ززز	ـز	ـزـ	زـ	ز	z	zaay 자이
سسس	ـس	ـسـ	سـ	س	s	siin 씬
ششش	ـش	ـشـ	شـ	ش	sh	shiin 쉰
صصص	ـص	ـصـ	صـ	ص	S	Saad 써:드
ضضض	ـض	ـضـ	ضـ	ض	D	Daad 더:드
ططط	ـط	ـطـ	طـ	ط	T	Taa' 따:
ظظظ	ـظ	ـظـ	ظـ	ظ	Z	Zaa' 자:
ععع	ـع	ـعـ	عـ	ع	'	'ayn 아인

غغغ	ـغ	ـغـ	غـ	غ	gh	ghayn 가인
ففف	ـف	ـفـ	فـ	ف	f	faa' 파:
ققق	ـق	ـقـ	قـ	ق	q	qaaf 까:프
ككك	ـك	ـكـ	كـ	ك	k	kaaf 카:프
للل	ـل	ـلـ	لـ	ل	l	laam 람
ممم	ـم	ـمـ	مـ	م	m	miim 밈
ننن	ـن	ـنـ	نـ	ن	n	nuun 눈
ههه	ـه	ـهـ	هـ	ه	h	haa' 하:
ووو	ـو	ـوـ	ـو	و	w(u)	waaw 와:우
ييي	ـي	ـيـ	يـ	ي	y(i)	yaa' 야:

아랍어 문장을 처음 보는 경우 '도대체 이런 지렁이 같은 글자를 어떻게 읽는담?'이라는 생각에 막막해 하시는 분들이 많습니다.

지렁이처럼 보이는 아랍어. 이유가 있습니다. 자음을 연결해 쓰기 때문이죠. 문장 전체를 연결하지는 않습니다. 단어만 연결해 씁니다. 당연히 띄어쓰기도 합니다.

아랍어 자음은 총 28자로 이루어져 있습니다. 비슷한 몸통을 가지고 점의 개수와 위치 등으로 구분해야 하는 알파벳들 때문에 처음에는 읽기가 힘들 수 있습니다.

자음의 원형은 '독립형'입니다. 이 '독립형' 자음이 단어에 어떤 위치에 등장하느냐에 따라 다음과 같이 세 가지 형태로 변형됩니다. 단어의 가장 처음 등장하는 자음의 형태를 '어두형', 단어의 중간에 들어가는 모양을 '어중형', 마지막에 들어가면 '어말형'이라고 부르지요. 한 눈에 보기에는 모두 달라 보여 익히기 힘들어 보이지만, 하나씩 뜯어보면 원형인 '독립형'에서 특징이 되는 부분만 떼어 쓴다는 것을 알 수 있습니다.

대부분의 자음은 연결됩니다. 하지만 أ د ذ ر ز و의 6개 자음은 뒤에 오는 자음과 연결이 되지 않는 분리문자입니다. 띄어쓰기할 때는 자음 하나만큼 띄어 쓰지는 않고, 살짝 떨어뜨려 씁니다.

단어의 중간에 들어가면서 분리문자 뒤를 따르는 자음은 어두형으로 쓰고, 단어의 마지막 자음이면서 분리문자 뒤를 따르면 독립형으로 씁니다.

자음 쓰기와 발음

오른쪽 글자를 보고 빈칸에 따라써 보세요.

알리프 : '아' 발음이기는 하지만 목 깊은 곳에서 내며 탁탁 끊기는 소리

						أ

바 : 영어의 b와 발음이 유사

						ب

타 : 영어의 t와 발음이 유사

						ت

싸 : 영어의 th 발음으로 혀를 깨물어 내는 소리

						ث

찜 : 영어의 j와 발음이 유사

						ج

하 : 목 깊은 곳에서 내는 소리. 유리창에 입김 불 때 내는 소리와 유사

						ح

카 : 목 깊은 곳에 걸린 가시를 빼듯이 내는 소리

						خ

달 : 영어의 d와 비슷해 쉬운 발음

							د

달 : d 발음이기는 하나 혀를 깨물어 내는 d 소리. this, that 등의 발음과 유사

							ذ

라 : 영어의 r 발음과는 다르며 혀를 또르륵 굴리며 내는 소리

							ر

자이 : 영어의 z와 유사

							ز

씬 : 영어의 s와 유사

							س

쉰 : 영어의 sh〔∫〕와 유사

							ش

써드 : 입안의 공간을 넓게 확보하여 혀를 접시처럼 깔고 소리를 내는 둔탁한 s 발음

							ص

자음 쓰기와 발음

더드 : 입안의 공간을 넓게 확보하여 혀를 접시처럼 깔고 소리를 내는 둔탁한 d 발음

ض

따 : 입안의 공간을 넓게 확보하고 입을 좌우로 살짝 찢어 내는 발음. 한글의 ㄸ 과 유사

ط

자 : 입안의 공간을 넓게 확보하고 '자'를 약간 힘을 빼듯 내는 소리

ظ

아인 : 배에 힘을 주며 목 깊은 곳에서 내는 '아' 소리

ع

가인 : '가글'할 때 내는 소리와 유사

غ

파 : 영어의 f와 유사

ف

까프 : 혀뿌리로 목구멍을 막았다 탁 트여주며 내는 ㄲ 소리

ق

카프 : 영어의 k와 유사

							ك

람 : 영어의 l과 유사

							ل

밈 : 영어의 m과 유사

							م

눈 : 영어의 n과 유사

							ن

하 : 한글의 ㅎ과 유사

							ه

와우 : 영어의 wow 발음과 유사

							و

야 : 한글의 '야' 발음과 유사

							ي

자음 연결 연습

정답은 216쪽에 있습니다.

	←	أ + س + ت + ا + ذ	1
	←	ب + ي + ت	2
	←	ت + ل + م + ي + ذ	3
	←	ث + و + ب	4
	←	ج + و + ع + ا + ن	5
	←	ح + د + ي + ث	6
	←	خ + ب + ز	7
	←	د + ج + ا + ج	8
	←	ذ + ا + ه + ب	9
	←	ر + ب + ي + ع	10
	←	ز + ا + ر	11
	←	س + ع + ي + د	12
	←	ش + م + س	13
	←	ص + ن + د + و + ق	14
	←	ض + ا + ب + ط	15
	←	ط + ا + ل + ب	16
	←	ظ + ه + ر	17
	←	ع + ص + ي + ر	18
	←	غ + ر + ب	19

	←	ف + ر + ي + د	20
	←	ق + ا + د + م	21
	←	ك + ت + ا + ب	22
	←	ل + ي + ب + ي + ا	23
	←	م + ك + ت + ب	24
	←	ن + و + م	25
	←	ه + ر + م	26
	←	و + ر + د	27
	←	ي + م + ي + ن	28

자음 분리 연습

정답은 216쪽에 있습니다.

	←	أهرام	1
	←	بغداد	2
	←	تاريخ	3
	←	ثمن	4
	←	جديد	5
	←	حيوان	6
	←	خريف	7
	←	دفتر	8
	←	ذهب	9
	←	رمضان	10
	←	زيت	11
	←	سوريا	12
	←	شارع	13
	←	صديق	14
	←	ضيف	15
	←	طبيب	16
	←	ظرف	17
	←	عطشان	18
	←	غضبان	19

	←	فبراير	20
	←	قطار	21
	←	كوريا	22
	←	لبنان	23
	←	مساء	24
	←	نشاهد	25
	←	هناك	26
	←	واسع	27
	←	يونيو	28

모음 및 기타 발음 부호

① 아랍어 단모음

아랍어 단모음은 세 가지에요. 자음 위나 아래에 짧은 빗금을 긋거나 쉼표 모양으로 표기합니다.

فَتْحَة 파트하	كَسْرَة 카스라	ضَمَّة 담마
ـَ	ـِ	ـُ
[a]	[i]	[u]

＊ 읽기연습

دَ [da]	فِ [fi]	عُ [ʻu]
سَ [sa]	مِ [mi]	بُ [bu]
خَ [kha]	رِ [ri]	طُ [Tu]

② 쑤쿤(السُّكُونُ)

자음이 모음을 갖지 않을 때 작은 동그라미가 자음 위에 사용되는데 이를 '쑤쿤'이라고 합니다. 발음은 한글의 '으'와 같습니다.

السُّكُونُ 쑤쿤
ْ
[—]

＊ 읽기연습

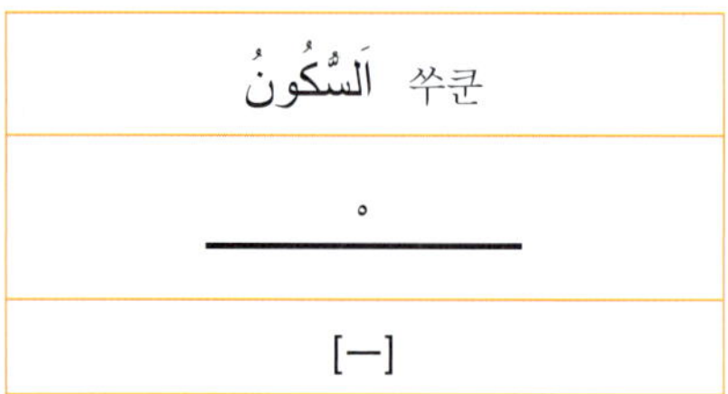

نَحْنُ	سَهْلُ	بَعْدَ	مِصْرُ	أَسْوَدُ
[naḥnu]	[sahlu]	[ba·da]	[miSru]	[ʼaswadu]

단어정리

نَحْنُ 우리는	سَهْلُ 쉬운	بَعْدَ ~ 후에	مِصْرُ 이집트
أَسْوَدُ 검은색			

* 일부 자음 ن م ل ك ب 에 쑤쿤이 있으면 받침처럼 발음합니다.

خُبْزُ	مَكْتَبُ	هَلْ	أَمْسِ	أَنْتَ
[khubzu]	[maktabu]	[hal]	['amsi]	['anta]

③ 장모음

세 개의 단모음 뒤에 각각 ا، ي، و 를 연결해 장모음 표기를 하고 길게 읽습니다.
장모음의 보조 모음 역할을 하는 세 알파벳에는 모음이나 쑤쿤이 붙지 않아요.

a의 장모음	i의 장모음	u의 장모음
←ا + ‎ــَـ ‎ــَـا	← ي + ‎ــِـ ‎ــِـي	← و + ‎ــُـ ‎ــُـو
[a:]	[i:]	[u:]

* 읽기연습

كِتَابُ [kita:bu]	كَثِيرُ [kathi:ru]	سُوقُ [su:qu]
وَاحِدُ [wa:ħidu]	مَرِيض [mari:Du]	جَنُوبُ [janu:bu]
جِبَالُ [jiba:lu]	قَمِيصُ [qami:Su]	أُسْبُوعُ ['usbu:ʕu]

일부 단어의 어말에 알리프막쑤라 ‎ــَـى 가 연결되기도 하는데 '아'장모음의 일종이죠. 단어 중간에 들어가지 않는 장모음입니다.

لَيْلَى [layla:], عَلَى ['ala:], حَتَّى [ħatta:]

단어정리

خُبْزُ	빵	هَلْ	~입니까?, ~합니까?	أَمْسِ	어제	أَنْتَ	당신(남)은
كِتَابُ	책	وَاحِدُ	1	جِبَالُ	산(복수)	كَثِيرُ	많은
مَرِيض	환자	قَمِيصُ	셔츠	سُوقُ	시장	جَنُوبُ	남쪽
أُسْبُوعُ	일주일, 주	لَيْلَى	라일라(여성이름)	عَلَى	~위에	حَتَّى	~까지

모음 및 기타 발음 부호

④ 이중모음

'아' 모음 뒤에 و 과 ي 을 연결해 만드는 모음입니다. 각각 '아우'와 '아이'로 발음합니다.

aw	ay
ـَوْ ← وْ + ـــَـ	ـَيْ ← يْ + ـــَـ
[aw]	[ay]

✳ 읽기연습

نَوْمُ [nawmu]	عَيْنُ [،aynu]
مَوْعِدُ [maw،idu]	خَيْرُ [khayru]
يَوْمُ [yawmu]	صَيْفُ [Sayfu]

아랍어의 정관사는 اَلْ [알] 입니다. 영어의 the와 같은 뜻이에요. 하지만 영어와는 달리 뒤따르는 단어와 띄어쓰기 없이 바로 연결해서 씁니다.

the pen = اَلْقَلَمُ   the book = اَلْكِتَابُ

⑤ 격모음

아랍어에는 주어를 나타내는 '은, 는, 이, 가', 목적어를 나타내는 '을, 를', 소유의 의미인 '~의' 등의 격조사가 따로 없어요. 대신 앞에서 배운 단모음(ـُـ ـَـ ـِـ)을 명사, 형용사, 수사 등의 단어 끝 자음에 붙여 주어나 목적어와 같은 성분을 나타내죠.

	주격 (주어 : 은, 는, 이, 가)	목적격 (목적어: 을, 를)	소유격 (소유의미:~의)
한정(the)	ـُـ	ـَـ	ـِـ
발음	[u]	[a]	[i]

단어정리

نَوْمُ 잠	مَوْعِدُ 약속	يَوْمُ 일, 날, 요일	عَيْنُ 눈
خَيْرُ 좋음, 선	صَيْفُ 여름		

⑥ 탄윈(التَّنْوِين)

단어의 마지막에 붙은 격모음에 [n] 발음을 첨가하여 비한정임을 나타내는 표현입니다.
탄윈은 격모음 ‒‒‒‒‒ˈ 에는 꼬리가 달린 모양이고 ‒‒‒‒‒ ‒‒‒‒‒ 에는 짧은 빗금 하나씩 더 그리면 됩니다.

	주격 (주어 : 은, 는, 이, 가)	목적격 (목적어: 을, 를)	소유격 (소유의미:〜의)
비한정 (a, an)			
발음	[un]	[an]	[in]

* 여기서 비한정 목적격은 남성형 단어일 때 일반적으로 아무런 음가와 기능이 없는 알리프ㅏ
가 첨가되어 ‒‒‒‒ 로 표기됩니다.

그럼 앞에서 배운 격모음과 탄윈 그리고 정관사를 이용해 단어로 표현해 볼까요?

	주격	목적격	소유격
한정	اَلْقَلَمُ	اَلْقَلَمَ	اَلْقَلَمِ
	[알-깔라무] 그 펜은	[알-깔라마] 그 펜을	[알-깔라미] 그 펜의
비한정	قَلَمٌ	قَلَمًا	قَلَمٍ
	[깔라문] 한 펜은	[깔라만] 한 펜을	[깔라민] 한 펜의

잠깐 퀴즈! اَلْقَلَمٌ 은 정확한 표현일까요?

아니죠. 한정과 비한정을 절대 같이 쓸 수 없겠죠? the a pen이라는 표현을 쓰지 않는 것처럼
아랍어도 이런 단어는 쓰지 않습니다.

모음 및 기타 발음 부호

⑦ 샷다(اَلشَّدَّة)

두 개의 동일한 자음이 반복될 때 겹쳐 발음하는 것을 표기하는 부호인데요. 앞 자음에는 '쑤쿤'이, 뒷 자음에는 모음이 있을 때만 쓰입니다. 다른 경우에는 합치지 않아요. 숫자 3을 자음 위에 비스듬히 뉘어놓은 듯한 모습이에요.

샷다는 단어의 첫 자음에는 쓰이지 않습니다.

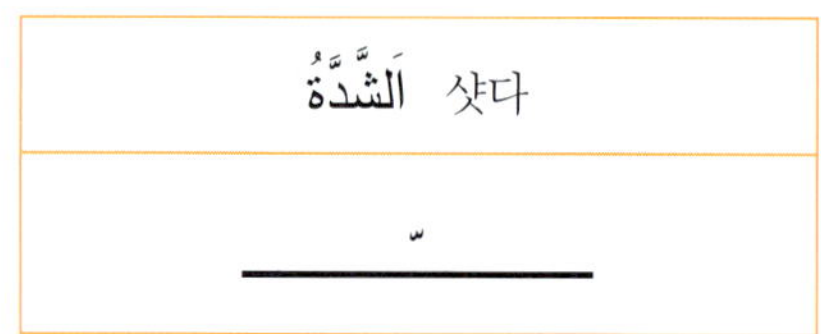

단어로 살펴볼까요? مُحَمَّد의 각 자음을 분리해 볼게요.

첫 자음은 مُ [무], 두 번째는 حَ [하], 세 번째는 مَ로 표기되어 있죠? 자음 م에 샷다와 모음 'a'가 있어요. 그렇다면 م이 두 개가 있다는 거예요. مْ + مَ가 합쳐져서 مَّ가 되는 것이죠. 마지막은 دٌ [둔]이죠.

다시 깔끔하게 풀어본다면 دٌ + مَ + مْ + حَ + مُ [muħammadun]이죠. '무하므마둔'이 아니라 م을 세게 발음해 '무함마둔'으로 읽습니다. 아랍 지역에서 가장 많이 쓰이는 남성 이름이에요.

مُ + دَ + رْ + رِ + سٌ → مُدَرِّسٌ [mudarrisun] 교사

أُ + مْ + مٌ → أُمٌّ ['ummun] 어머니

جَ + يْ + يِ + دٌ → جَيِّدٌ [jayyidun] 좋은

مُ + وَ + ظْ + ظَ + فٌ → مُوَظَّفٌ [muwaZZafun] 직원

모음 '이' ─── 는 샷다가 있으면 자음 밑이 아니라 샷다 밑에 표기합니다.

⑧ ل과 ا의 연결

앞서 배운 알파벳 연결형에서 언급하지 않은 특이하게 연결되는 자음들이 있습니다. 바로 ل과 ا 인데요. 일반적인 방법으로 어두형 ل과 ا를 연결한다면 [illegible]لا와 같은 모양이 되겠죠?

하지만 실제로는 이렇게 연결하지 않고 ل과 ا를 밑에서 꼬아줍니다. 그러면 لا 모양이 되지요. 밑에서만 꼬아주는 것뿐이지 알파벳의 순서가 바뀌는 것은 아닙니다.

예 اَلْأُسْتَاذُ (○)   اَلـأُسْتَاذُ (×)

또 어말형 لـ───과 ا의 연결도 다릅니다. 배운 대로 한다면 역시 ﻼ 이런 모양이 되겠지만 실제로는 ل의 중간에 ا를 칼로 꽂듯이 씁니다. ﻼ─── 이런 모양이 됩니다.

예 سَلَامٌ (○)   سَلـَامٌ (×)

⑨ 함자의 받침

앞서 배운 첫 알파벳 알리프-함자에서 알리프와 함자는 따로 쓰일 때가 많습니다. 함자가 단독
으로 쓰일 수도 있고, ا 알리프, و 와우를 받침으로 쓰거나 ــﺌ 와 같은 형태로 오기도 합니다.
보통 제일 처음 오는 함자는 ا 알리프를 받침으로 가집니다. 그러나 함자가 단어 중간에 들어간
다면 선행 모음에 따라 받침이 달라집니다.

ء : شِتَاءٌ [shita:'un] 겨울, مَاءٌ [ma:'un] 물

أ : أَحَدٌ ['aħadun] 하나, أُسْتَاذٌ ['usta:dhun] 교수

ؤ : لُؤْلُؤَةٌ [lu'lu'atun] 진주, سُؤَالٌ [su'a:lun] 질문

ـﺌ : تَقْرَئِينَ [taqra'i:na] 당신(여)이 읽는다, سَائِقٌ [sa:'iqun] 운전사, بَائِعٌ [ba:'i‹un] 판매원

ــﯩ : دَافِئٌ [da:fi'un] 따뜻한

⑩ 맛다 (آ)

만약 أ 이처럼 알리프 함자에 'a' 모음이 있고 장모음을 표기하려면 اأ 가 되겠지요. 하지만 알리
프를 연달아 두 번 표기하는 경우는 없습니다. 그래서 두 개의 알리프를 하나로 합치고 그 위
에 물결 표시를 해주고 ['a:] 라고 읽습니다.

الْقُرْآنُ [alqur'a:nu] 코란 / الْآنَ [al'a:na] 지금

⑪ 타마르부타 (الَتَّاءُ الْمَرْبُوطَةُ) : ة , ـة

아랍어는 남성형, 여성형 단어가 나뉘어져 있습니다. 타마르부타(묶인 타)는 알파벳 ت 의 끝
부분이 연결된 글자 ة 로 명사나 형용사 끝에 연결되어 여성임을 나타냅니다.
명사 중 직업과 같이 남녀에게 해당되는 단어와 모든 형용사의 남성형 단어에 타마르부타를
붙여 여성형으로 만들 수 있지만 대부분의 명사는 이미 남성형이나 여성형으로 고정되어 있
습니다.
그리고 알파벳 ت 에서 나온 만큼 [t]로 발음해요.

طَالِبٌ [Ta:libun 딸:리분] 남학생 → طَالِبَةٌ [Ta:libatun 딸:리바툰] 여학생

＊ 격모음 ＿＿＿ ＿＿＿ ＿＿＿ 은 단어의 마지막 자음에 붙여주는 것이기 때문에 타마르부
  타가 연결되면 타마르부타가 마지막 글자가 되지요. 그래서 격모음은 타마르부타에 옮겨주
  고 타마르부타 앞 자음에는 항상 ＿＿＿ [a] 모음을 표기합니다.

⑫ 태양문자와 월문자

＊ 태양문자 : 태양문자로 시작하는 낱말 앞에 정관사 الْ 이 오면 정관사의 ل 은 발음되지 않고
  뒤에 오는 태양문자에 동화돼요. 태양문자에 샷다(＿＿＿＿＿＿＿＿＿)를 두어 세게 발
  음합니다.

23

모음 및 기타 발음 부호

태양문자	ت ث د ذ ر ز س ش ص ض ط ظ ل ن

ت	اَلتِّلْمِيذُ ← تِلْمِيذٌ	ث	اَلثَّمَنُ ← ثَمَنٌ
	[attilmi:dhu]　　[tilmi:dhun]		[aththamanu]　　[thamanun]
د	اَلدَّرْسُ ← دَرْسٌ	ذ	اَلذَّيْلُ ← ذَيْلٌ
	[addarsu]　　[darsun]		[adhdhaylu]　　[dhaylun]
ر	اَلرَّبِيعُ ← رَبِيعٌ	ز	اَلزِّيَارَةُ ← زِيَارَةٌ
	[arrabi:ʕu]　　[rabi:ʕun]		[azziya:ratu]　　[ziya:ratun]
س	اَلسُّوقُ ← سُوقٌ	ش	اَلشَّمْسُ ← شَمْسٌ
	[assu:qu]　　[su:qun]		[ashshamsu]　　[shamsun]
ص	اَلصُّورَةُ ← صُورَةٌ	ض	اَلضَّابِطُ ← ضَابِطٌ
	[aSSu:ratu]　　[Su:ratun]		[aDDa:biTu]　　[Da:biTun]
ط	اَلطَّبِيبُ ← طَبِيبٌ	ظ	اَلظَّرْفُ ← ظَرْفٌ
	[aTTabi:bu]　　[Tabi:bun]		[aZZarfu]　　[Zarfun]
ف	اَللُّغَةُ ← لُغَةٌ	ن	اَلنُّورُ ← نُورٌ
	[allughatu]　　[lughtun]		[annu:ru]　　[nu:run]

* 월문자 : 정관사가 연결되더라도 발음에 영향을 주지 않아 ل 발음이 그대로 유지됩니다.

월문자	أ ب ج ح خ ع غ ف ق ك م ه و ي

أ	اَلْأُسْرَةُ ← أُسْرَةٌ	ب	اَلْبِنْتُ ← بِنْتٌ
	[al'usratu]　　['usratun]		[albintu]　　[bintun]

ج	اَلْجَامِعَةُ ← جَامِعَةٌ	ح	اَلْحَقِيبَةُ ← حَقِيبَةٌ
	[alja:mi‹atu] [ja:mi‹atun]		[alħaqi:btu] [ħaqi:batun]
خ	اَلْخَرِيفُ ← خَرِيفٌ	ع	اَلْعُنْوَانُ ← عُنْوَانٌ
	[alkhari:fu] [khari:fun]		[al‹unwa:nu] [‹unwa:nun]
غ	اَلْغُرْفَةُ ← غُرْفَةٌ	ف	اَلْفَاكِهَةُ ← فَاكِهَةٌ
	[alghurfatu] [ghurfatun]		[alfa:kihatu] [fa:kihatun]
ق	اَلْقَهْوَةُ ← قَهْوَةٌ	ك	اَلْكَبَابُ ← كَبَابٌ
	[alqahwatu] [qahwatun]		[alkaba:bu] [kaba:bun]
م	اَلْمَكْتَبَةُ ← مَكْتَبَةٌ	ه	اَلْهَدِيَّةُ ← هَدِيَّةٌ
	[almaktabatu] [maktabatun]		[alhadiyyatu] [hadiyyatun]
و	اَلْوَرْدُ ← وَرْدٌ	ي	اَلْيَوْمُ ← يَوْمٌ
	[alwardu] [wardun]		[alyawmu] [yawmun]

⑬ 아랍 숫자

우리가 쓰는 아라비아 숫자는 북부 아프리카를 제외한 아랍 국가에서 잘 쓰이지 않습니다. 그들이 쓰는 숫자는 숫자의 기원인 인도에서 쓰던 것입니다. 숫자의 나열은 아랍어 진행방향대로 오른쪽에서 왼쪽입니다.

9	8	7	6	5	4	3	2	1	0
٩	٨	٧	٦	٥	٤	٣	٢	١	٠

하지만 10단위 이상 숫자는 우리가 쓰듯 왼쪽에서 오른쪽 방향으로 진행합니다.

10 = ١٠

374 = ٣٧٤

8952 = ٨٩٥٢

연산식이나 연도 표시도 나열이므로 오른쪽에서 왼쪽으로 갑니다.

3 + 9 = 12 → ١٢ = ٩ + ٣

2011년~2012년 → عَامُ ٢٠١٢ - ٢٠١١

PART

1

اَلسَّلَامُ عَلَيْكُمْ.

안녕하세요.

— 아침 및 저녁 인사하기

— 환영 인사 하기

— 안부 인사 하기

짧막 회화 - 이슬람식 인사 **01**

*아랍어는 오른쪽에서 왼쪽으로 읽습니다. ←

알라이쿰 앗쌀라:무

اَلسَّلَامُ عَلَيْكُمْ.　**M**

안녕하세요(평화가 당신들에게 있기를)

←

쌀라:무 와알라이쿠뭇

وَعَلَيْكُمُ السَّلَامُ.　**F**

안녕하세요(당신들에게도 평화가 있기를)

 اَلسَّلَامُ عَلَيْكُمْ.

- '평화가 당신들에게 깃들기를'이라는 의미로 아랍 국가와 대부분의 이슬람 국가에서 쓰이는 가장 대표적인 인사말입니다. 이슬람에서는 사람의 양 어깨에 선과 악을 기록하는 천사들이 있다고 생각해서 상대와 그 천사들에게 인사를 하기 때문에 한 명에게도 '당신들에게'라고 인사를 하죠. 종교적 의미가 들어 있는 말이지만 꼭 무슬림이 아니더라도 일반적으로 쓰는 말이에요. 시간대 상관없이 혹은 처음 만난 사람과도 할 수 있어요. 혹시 종교적 의미 때문에 거부감이 든다면 뒤에 설명된 아침 인사나 점심, 저녁 인사를 하시면 됩니다.

وَعَلَيْكُمُ السَّلَامُ.

اَلْ [알] 그, 영어의 the와 같은 뜻

سَلَامٌ [쌀라:문] 평화

وَ [와] 그리고

عَلَى [알라:] ~위에

كُمْ [쿰] 당신(남자)들의

- 상대가 اَلسَّلَامُ عَلَيْكُمْ[앗쌀라:무 알라이쿰]이라고 인사하면 접속사(그리고 وَ)를 삽입하고 주어(السَّلَامُ)와 술어(عَلَيْكُمْ)의 순서를 바꾸어서 وَعَلَيْكُمُ السَّلَامُ [와알라이쿠뭇 쌀라:무]로 대답합니다.

- 접속사 وَ는 자음이 하나로 이루어진 단자음 접속사예요. 이런 단어는 뒤에 오는 단어와 띄어쓰기 없이 바로 연결해 쓰도록 합니다. 예를 들어 '토끼와 거북이'를 아랍어식으로 쓴다면 '토끼 와거북이'가 되는 거예요. 우리말과는 대부분이 반대라고 생각하시면 됩니다.

- 'ء 함자'가 없는 'ا 알리프'는 앞에 어떤 단어가 있을 때 '알리프'는 건너뛰고 앞 단어의 마지막 발음과 '알리프'의 바로 뒤 자음을 연결해서 발음하는 연음이 일어나요. '알리프'가 발음되지 않기 때문에 모음도 찍지 않지요. 또 앞 단어의 마지막 자음이 쑤쿤이라면 그 상태에서는 연이어 발음하기 힘들기 때문에 연음이 쉽도록 보조 모음(_______)을 만들어 발음합니다.

(×)와알라이쿠무 앗쌀라:무　(○)와알라이쿠뭇 쌀라:무　وَعَلَيْكُمُ السَّلَامُ

짤막 회화 - 안부 묻기 02

할루　카이팔

كَيْفَ الْحَالُ؟

M

어떻게 지내세요?(상태가 어떻습니까?)

와안타　릴라　알함두　비카이린 아나

أَنَا بِخَيْرٍ، اَلْحَمْدُ لله. وَأَنْتَ؟

F

저는 잘 지냅니다. 덕분에(신께 찬미를). 당신은요?

릴라　알함두　비카이린

بِخَيْرٍ، اَلْحَمْدُ لله.

M

잘 지냅니다. 덕분에.(신께 찬미를)

 **كَيْفَ الْحَالُ؟**

직역하면 "상태가 어떻습니까?"로 영어의 "How are you?"에 해당하는 안부를 묻는 인사말입니다. 이 문장 역시 '함자'가 없는 '알리프' 앞에 단어가 있으므로 연이어 발음해야겠죠?

카이파 알할:루?(×) 카이팔할:루?(○)

كَيْفَ [카이파] 어떻게	
حَالٌ [할:룬] 상태	
أَنَا [아나] 나는	
بِ [비] ~에, ~으로, ~때문에	
خَيْرٌ [카이룬] 좋은, 선	
حَمْدٌ [함둔] 찬양, 찬미	
الله [알라] 신, 알라	
لِ [리] ~에게, ~를 위해	
أَنْتَ [안타] 당신(남자)은	

 **أَنَا بِخَيْرٍ**

- "나는 좋음 안에 있습니다."로 영어의 "I am fine."과 같은 말이에요.
  أَنَا (나는)은 주어, **بِخَيْرٍ** (좋음 안에)는 술어입니다.
- 전치사 **بِ** 는 자음 하나로 이루어진 전치사 즉 단자음 전치사이기 때문에 뒤따르는 단어와 바로 연결해 씁니다.

 **اَلْحَمْدُ لله**

'알라께 찬미를'이라는 뜻으로 '덕분에'로 쓰이는 아주 유용한 관용 표현이에요. 이 표현은 안부에 대한 대답뿐만 아니라 기쁘거나 만족할 만한 상황(시험 합격, 건강 회복, 여행을 다녀온 후, 식사 후 등)과 불행 중 다행이라 느낄 때 등 광범위하게 쓰입니다.

اَلْحَمْدُ (찬미가)는 주어, **لله** (알라께 있다)는 술어입니다.

짤막 회화 – 아침 인사 **03**

카이리　싸바ː할

M صَبَاحَ الْخَيْرِ.

안녕하세요.(복된 아침이 되기를)

누ː리　싸바ː한

F صَبَاحَ النُّورِ.

안녕하세요.(밝은 아침이 되기를)

 صَبَاحَ الْخَيْرِ / صَبَاحَ النُّورِ

Good morning에 해당하는 아침 인사말로 영어 표현과 비슷합니다. 동사 (~이 되기를 바랍니다)가 생략된 말로 처음 인사를 건네는 사람이 صَبَاحَ الْخَيْرِ [싸바ː할 카이리]라고 인사하면 뒷 단어를 바꿔 صَبَاحَ النُّورِ [싸바ː한 누ː리]로 대답합니다.

• 두 표현도 '함자'가 없는 '알리프'가 뒤따르기 때문에 이어서 발음하세요.

(×)싸바ː하 알카이리　(○)싸바ː할카이리 صَبَاحَ الْخَيْرِ

(×)싸바ː하 안누ː리　(○)싸바ː한누ː리 صَبَاحَ النُّورِ

صَبَاحٌ [싸바ː훈]
오전, 아침

خَيْرٌ [카이룬] 좋은, 선

نُورٌ [누ː룬] 빛

카이리　마싸ː알

M مَسَاءَ الْخَيْرِ.

안녕하세요.(복된 저녁이 되기를)

누ː리　마싸ː안

F مَسَاءَ النُّورِ.

안녕하세요.(밝은 저녁이 되기를)

مَسَاءَ الْخَيْرِ / مَسَاءَ النُّورِ

Good evening에 해당하는 저녁 인사말로 아침 인사와 비슷합니다. 아침 인사의 'صَبَاحٌ' (아침)만 'مَسَاءَ'(저녁)으로 바꾸면 돼요. 처음 인사를 건네는 사람이 مَسَاءَ الْخَيْرِ [마싸ː알카이리]라고 인사하면 뒷 단어를 바꿔 مَسَاءَ النُّورِ [마싸ː안누ː리]로 대답합니다. Good afternoon에 해당하는 인사말은 없지만 오후 인사로 써도 무방합니다.

- 이 역시 '함자'가 없는 '알리프'가 뒤따르니 연음해야겠죠?

(×)마싸ː아 알카이리　　(○)마싸ː알카이리　مَسَاءَ الْخَيْرِ

(×)마싸.아 안누.리　　(○)마싸ː안누ː리　مَسَاءَ النُّورِ

짤막 회화 - 유목민 전통 인사(1) 05

와싸흘란 아흘란

أَهْلاً وَسَهْلاً.  **M**

안녕하세요. 어서 오세요. 환영합니다. (가족에게 오셨고 넓은 뜰을 밟으셨습니다.)

비카 아흘란

أَهْلاً بِكَ.  **F**

안녕하세요

 أَهْلاً وَسَهْلاً.

이 인사말은 "당신은 우리 가족에게 오셨고 넓은 뜰을 밟았습니다."라는 표현의 준말입니다. 천막을 치고 생활하던 유목민이 지나가는 나그네에게 당신이 쉴 만한 공간이 있다고 건네는 인사에서 유래한 말이죠.

식당에 갔을 때, 누군가에게 초청받았을 때 등 "어서 오세요."라는 뜻으로 쓰여요. 아랍 국가 공항과 인천 공항에서 이 표현을 볼 수 있어요.

أَهْلاً وَسَهْلاً이라고 인사를 받았을 때, 상대가 남성이면 أَهْلاً بِكَ [아흘란 비카], 여성이면 أَهْلاً بِكِ [아흘란 비키]로 답을 하세요.

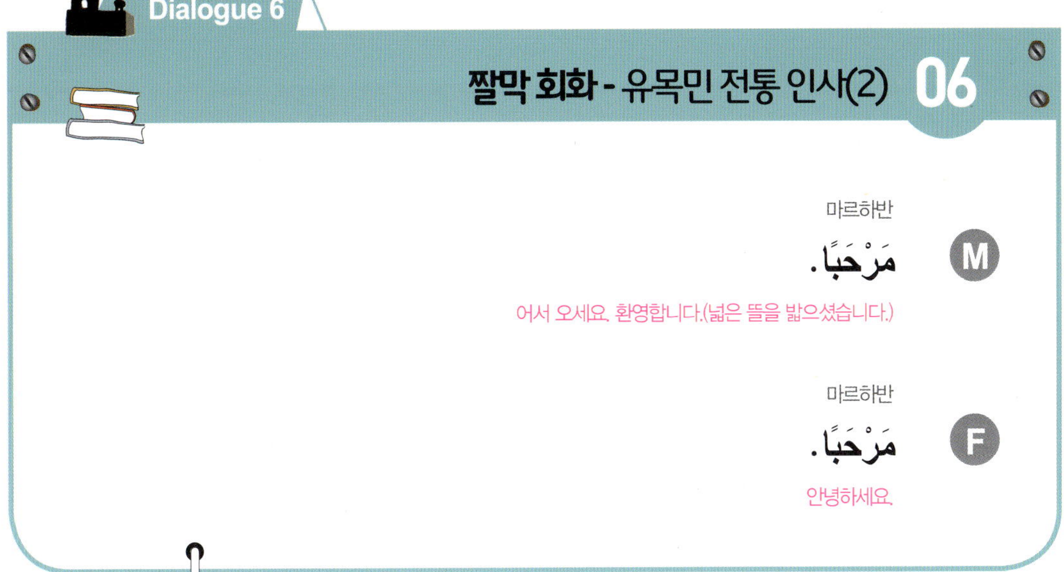

이 인사말도 أَهْلاً وَسَهْلاً 처럼 "넓은 뜰을 밟으셨습니다."라는 말에서 동사가 생략된 말이에요. 다른 인사말과는 달리 인사와 대답이 같아서 외우기 쉽습니다.

꼭 환영하는 표현이 아니더라도 اَلسَّلاَمُ عَلَيْكُمْ 을 대신하여 인사를 건넬 때도 쓰입니다.

실전 회화

خَدِيجَةُ   اَلسَّلَامُ عَلَيْكُمْ.

앗쌀라:무   알라이쿰

مُحَمَّدٌ   وَعَلَيْكُمُ السَّلَامُ.

쌀라:무   와알라이쿠뭇

خَدِيجَةُ   كَيْفَ الْحَالُ؟

카이팔   할:루

مُحَمَّدٌ   أَنَا بِخَيْرٍ، اَلْحَمْدُ لله. وَأَنْتِ؟

아나   비카이린،   알함두   릴라   와안티?

خَدِيجَةُ   بِخَيْرٍ، اَلْحَمْدُ لله.

비카이린   알함두   릴라

카디자(여성)와 무함마드(남성)의 대화인데요. 일반적인 인사 '앗쌀라무 알라이쿰'으로 첫인사를 해도 되고 앞에서 배운 아침, 저녁 인사를 써도 됩니다. 그 후에는 안부를 꼭 묻죠. '잘 지내냐'는 말을 우리는 만났을 때 한 번만 하거나 하지 않기도 해서 익숙하지 않지요. 아랍 인들은 방금 전에 만나서 묻고도 또 물어 봅니다. 대화를 하는 와중에도 '잘 지내냐'는 질문을 하기도 하지요. 그 정도로 자주 쓰이는 말이니 잘 기억해 두세요. '잘 지냅니다'라고 답할 때 أَنَا بِخَيْرٍ [아나 비카이린]으로 꼭 답하지 않고, اَلْحَمْدُ لله [알함두 릴라]로만 답해도 됩니다.

카디자   안녕하세요.

무함마드   안녕하세요.

카디자   어떻게 지내세요?

무함마드   저는 잘 지냅니다, 덕분에. 당신은요?

카디자   잘 지냅니다, 덕분에.

اَلْ	[알]	그
سَلَامٌ	[쌀라:문]	평화
عَلَى	[알라:]	~위에
كُمْ	[쿰]	당신들(남자)의
وَ	[와]	~와, ~과, 그리고
كَيْفَ	[카이파]	어떻게
حَالٌ	[할:룬]	상태
أَنَا	[아나]	나는
بِ	[비]	~에, ~으로, ~때문에
خَيْرٌ	[카이룬]	좋은, 선
حَمْدٌ	[함둔]	찬양, 찬미
لِ	[리]	~위하여, ~으로
الله	[알라]	신, 알라

연습 문제

1 인사에 알맞은 대답을 연결하시오

اَلسَّلاَمُ عَلَيْكُمْ.　•　　　•　مَرْحَبًا.

صَبَاحَ الْخَيْرِ.　•　　　•　وَعَلَيْكُمُ السَّلاَمُ.

مَسَاءَ الْخَيْرِ.　•　　　•　مَسَاءَ النُّورِ.

أَهْلاً وَسَهْلاً.　•　　　•　صَبَاحَ النُّورِ.

مَرْحَبًا.　•　　　•　أَهْلاً بِكَ.

2 대화의 상황으로 알맞은 것은?

> مُحَمَّد　كَيْفَ الْحَالُ؟
> سَمِيرٌ　أَنَا بِخَيْرٍ، اَلْحَمْدُ للهِ.

① 안부를 물을 때　　② 감사할 때　　③ 양해를 구할 때

④ 헤어질 때　　⑤ 감탄할 때

3 빈칸에 공통으로 들어갈 말로 알맞은 것은?

> خَالِد　صَبَاحَ الْخَيْرِ.
> حَامِد　صَبَاحَ _______ .
>
> خَالِد　مَسَاءَ الْخَيْرِ.
> حَامِد　مَسَاءَ _______ .

① اَلنَّوْمِ　② اَلنُّورِ　③ اَلْخَيْرِ　④ أَهْلاً　⑤ اَلسَّلاَمُ

4 대화의 순서를 바르게 배열한 것은?

> Ⓐ بِخَيْرٍ، اَلْحَمْدُ للهِ.　Ⓑ اَلسَّلاَمُ عَلَيْكُمْ.
> Ⓒ كَيْفَ الْحَالُ؟　Ⓓ وَعَلَيْكُمُ السَّلاَمُ.

① Ⓐ → Ⓑ → Ⓒ → Ⓓ　　② Ⓐ → Ⓒ → Ⓑ → Ⓓ　　③ Ⓐ → Ⓓ → Ⓑ → Ⓒ

④ Ⓑ → Ⓐ → Ⓒ → Ⓓ　　⑤ Ⓑ → Ⓓ → Ⓒ → Ⓐ

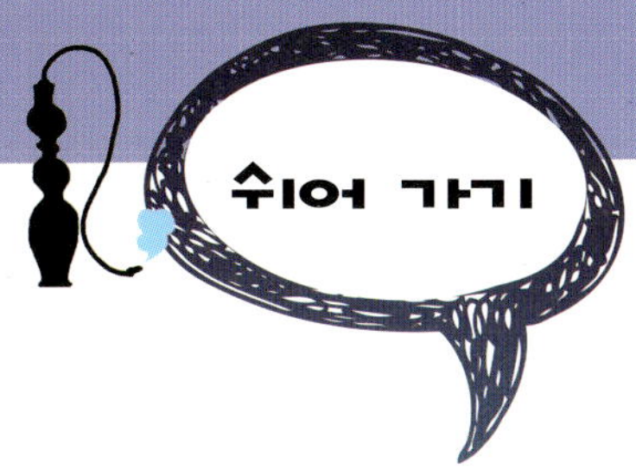

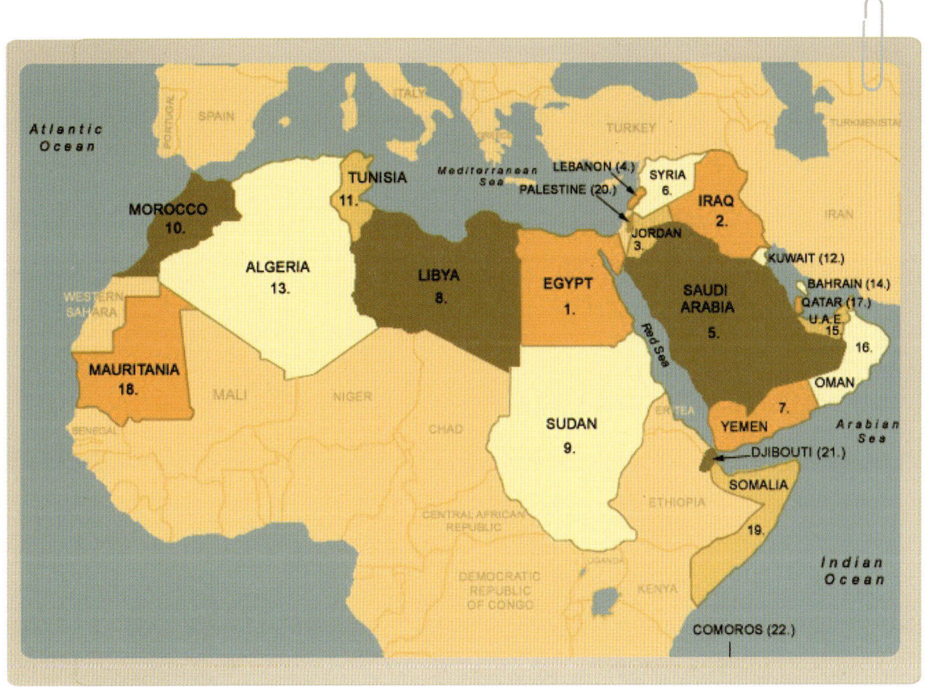

아랍 국가는 아라비아 반도에서 북부 아프리카에 걸쳐 있는 22개 아랍 연맹 가입국을 말합니다. 기구의 원가맹국은 이집트, 시리아, 레바논, 사우디아라비아, 이라크, 요르단, 예멘 등 7개 국이며, 연맹의 상설본부 및 사무국은 이집트 카이로에 설치되었습니다.

사우디아라비아, 예멘, 오만, 쿠웨이트, 바레인, 카타르, 아랍에미레이트, 이라크, 시리아, 레바논, 요르단, 이집트, 수단, 리비아, 모로코, 알제리, 튀니지, 모리타니, 소말리아, 지부티, 팔레스타인 자치 정부, 코모로가 회원국입니다.

이 국가들의 공용어는 아랍어이지만 약 3억에 달하는 인구는 문화적으로나 인종적으로 매우 다양합니다.

2

مَنْ أَنْتَ؟

당신은 누구입니까?

- 의문사 مَنْ 을 이용해 이름과 직업 등 묻고 답하기
- 의문사 أَيْنَ 를 이용해 국적 묻고 답하기
- 명사와 전치사구를 술어로 갖는 명사문 익히기
- 처음 만난 사람과 작별 인사하기

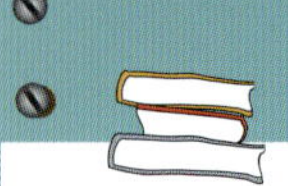

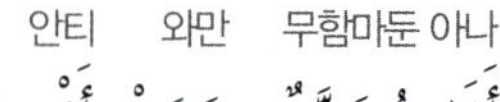

짤막 회화  **01**

안티　와만　무함마둔 아나
أَنَا مُحَمَّدٌ. وَمَنْ أَنْتِ؟ M

나는 무함마드입니다. 당신은 누구십니까?

사미라투 아나
أَنَا سَمِيرَةُ. F

나는 사미라입니다.

أَنَا مُحَمَّدٌ. / أَنَا سَمِيرَةُ.

"나는 무함마드입니다."라는 문장을 만들려면 한국어에서는 조사 '는'과 보어 '이다'가 필요하고, 영어에서는 be 동사가 필요하죠. 하지만 아랍어에서는 '나'(주어)와 '무함마드'(술어), 두 단어만 나열하고 주어와 술어에 각각 격모음을 표시합니다. 주어와 술어는 모두 주격 모음으로 표기하는 것이 원칙입니다. 하지만 주어로 쓰인 인칭 대명사(나는)는 격이 변하지 않는 단어이기 때문에 주격 모음을 따로 표기하지 않아요. 또 무함마드와 같은 대부분의 남성 이름은 비한정으로 표기하고, 여성 이름은 정관사가 없어도 탄윈(비한정을 나타내는 n발음)을 취하지 않아요.

- 독립 인칭 대명사 : 영어의 I, You, He, She 와 같이 주어 자리에 쓰이는 인칭 대명사입니다. 영어와는 달리 2인칭도 남녀가 구분되어 있다는 것을 잘 기억하세요.

1인칭(남녀 공통)	2인칭(남)	2인칭(여)	3인칭(남)	3인칭(여)
أَنَا	أَنْتَ	أَنْتِ	هُوَ	هِيَ
아나	안타	안티	후와	히야

또 한 가지 매우 중요한 문법이 있습니다. 바로 주어와 술어의 성 일치입니다.

هِيَ سَمِيرَةُ.	هُوَ مُحَمَّدٌ.	أَنْتِ سَمِيرَةُ.	أَنْتَ مُحَمَّدٌ.
그녀는 사미라다.	그는 무함마드이다.	당신(여)는 사미라다.	당신(남)은 무함마드이다.

مَنْ أَنْتَ؟

의문사 مَنْ은 '누구?'라는 의미이며 묻고자 하는 사람이 주어로 뒤따릅니다.

당신(남)은 누구십니까?　مَنْ أَنْتَ؟　　　مَنْ هُوَ؟　그는 누구입니까?

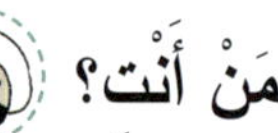

أَنَا [아나] 나는
مُحَمَّدٌ [무함마둔]
　무함마드(남성 이름)
وَ [와] ~와, 그리고
مَنْ [만] 누구?
أَنْتِ [안티] 당신(여성)은
سَمِيرَةُ [싸미:라]
　싸미라(여성 이름)

무다르리싸툰 안티 할　무다르리쑨 아나
أَنَا مُدَرِّسٌ، هَلْ أَنْتِ مُدَرِّسَةٌ؟
M

나는 교사입니다. 당신은 교사입니까?

마드라싸티　필　무와자파툰 아나 라:
لَا، أَنَا مُوَظَّفَةٌ فِي الْمَدْرَسَةِ.
F

아니요, 저는 교직원입니다.

مُدَرِّسٌ [무다르리쑨]
선생님(남성)

مُدَرِّسَةٌ [무다르리싸툰]
선생님(여성)

هَلْ [할] ~입니까? ~합니까?

فِي [피:] ~안에, ~에

مَدْرَسَةٌ [마드라싸툰] 학교

طَبِيبٌ [따비:분] 의사(남성)

طَبِيبَةٌ [따비:바툰] 의사(여성)

أُسْتَاذٌ [우스타:둔] 교수(남성)

أُسْتَاذَةٌ [우스타:다툰]
교수(여성)

مُهَنْدِسٌ [무한디쑨]
기술자(남성)

مُهَنْدِسَةٌ [무한디싸툰]
기술자(여성)

مُوَظَّفٌ [무왓자푼]
직원(남성)

مُوَظَّفَةٌ [무왓자파툰]
직원(여성)

أَنَا مُدَرِّسٌ.

'أَنَا [아나] 주어 + مُدَرِّسٌ [무다르리쑨] 술어 = 나는 선생님입니다.'의 뜻으로 인칭 대명사인 1인칭 أَنَا 는 남녀 공통으로 쓰이기 때문에 술어인 선생님으로 성을 알 수 있습니다.
'나는 여교사이다.'는 أَنَا 를 주어로 쓰고 مُدَرِّسٌ(교사)에 타마르부타를 붙여 여성형으로 바꾸어 만들면 됩니다. أَنَا مُدَرِّسَةٌ.

나는 의사(여)입니다. أَنَا طَبِيبَةٌ. / 나는 의사(남)입니다. أَنَا طَبِيبٌ.
당신(여)은 교수(여)입니다. أَنْتِ أُسْتَاذَةٌ. / 당신(남)은 교수(남)입니다. أَنْتَ أُسْتَاذٌ.
그녀는 기술자입니다. هِيَ مُهَنْدِسَةٌ. / 그는 기술자(남)입니다. هُوَ مُهَنْدِسٌ.
싸미라는 직원(여)입니다. سَمِيرَةُ مُوَظَّفَةٌ. / 무함마드는 직원(남)입니다. مُحَمَّدٌ مُوَظَّفٌ.

هَلْ أَنْتِ مُدَرِّسَةٌ؟

هَلْ [할]은 '~입니까?, ~합니까?'라는 뜻으로 평서문을 의문문으로 바꿔 주는 의문사입니다. 의문사는 문장의 제일 앞에 옵니다. 대답은 '네 نَعَمْ [나암]' 혹은 '아니요 لَا [라:]'예요.

أَنَا مُوَظَّفَةٌ فِي الْمَدْرَسَةِ.

فِي [피:]는 전치사로 '~안에'라는 원래의 뜻과 함께 다양한 의미로도 쓰입니다. 그리고 어떤 전치사든 뒤따르는 명사는 무조건 소유격을 취합니다.

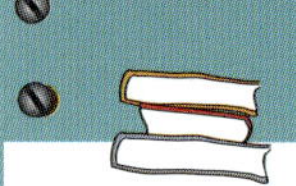

짤막 회화 **03**

M

안티 아이나 민　미쓰라 민 아나

أَنَا مِنْ مِصْرَ. مِنْ أَيْنَ أَنْتَ؟

나는 이집트에서 왔습니다. 당신은 어디에서 왔습니까?

F

루브냐:나 민 아나

أَنَا مِنْ لُبْنَانَ.

나는 레바논에서 왔습니다.

أَنَا مِنْ مِصْرَ. / أَنَا مِنْ لُبْنَانَ.

أَنَا는 주어(나는)이고 전치사 مِنْ[민](~로부터)과 مِصْرُ[미쓰루](이집트) 혹은 لُبْنَانُ[루브나:누](레바논)가 전치사구를 이루며 술어 역할을 하는 문장입니다. 영어의 "I am from Egypt/Lebanon."에서 be 동사만 빠진 형태라고 생각하시면 쉬워요.

원래 전치사 뒤에 오는 명사는 무조건 소유격이지만 위에 나온 이집트와 레바논처럼 목적격처럼 보이는 모음 '아'가 소유격인 단어들도 있습니다.

مِنْ أَيْنَ أَنْتَ؟

أَيْنَ는 '어디에?'라는 뜻으로 위치를 알고자 할 때 쓰는 의문사입니다. 이 문장은 영어로 "where are you from?"이라는 뜻인데, 아랍어에서는 전치사가 필요한 의문문에서는 전치사가 의문사 앞으로 옵니다. 전치사 뒤의 의문사는 격불변이기 때문에 소유격으로 바뀌지 않아요.

مِنْ أَيْنَ أَنْتَ؟

당신은 어디서 왔습니까?

أَنَا مِنْ كُورِيَا.

나는 한국에서 왔습니다.

- كُورِيَا[쿠:리야:](한국)와 같이 '아'장모음 ‎ㅡㅡㅡㅡ 을 어말형으로 갖는 단어는 주어, 목적어, 전치사 뒤 등 어느 자리에 들어가든지 격불변입니다.

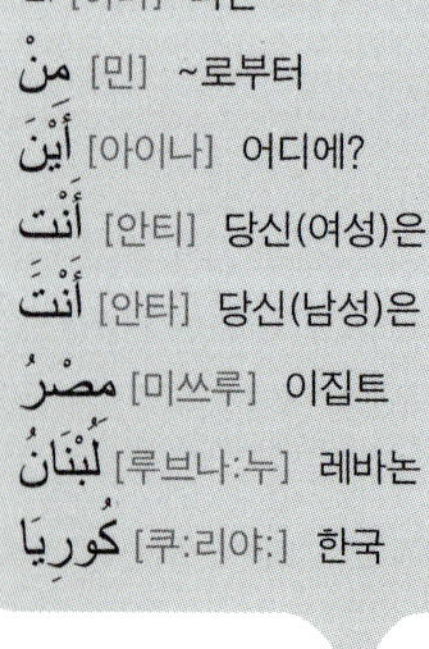

أَنَا	[아나] 나는
مِنْ	[민] ~로부터
أَيْنَ	[아이나] 어디에?
أَنْتِ	[안티] 당신(여성)은
أَنْتَ	[안타] 당신(남성)은
مِصْرُ	[미쓰루] 이집트
لُبْنَانُ	[루브나:누] 레바논
كُورِيَا	[쿠:리야:] 한국

짤막 회화 04

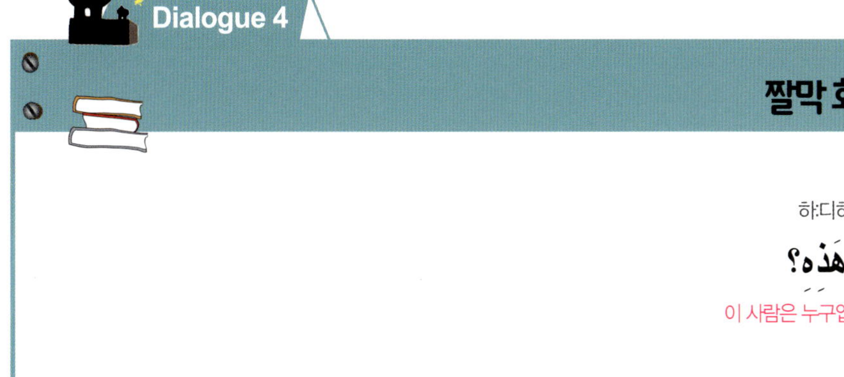

M: مَنْ هَذِهِ؟
햐:디히 만

이 사람은 누구입니까?

F: هَذِهِ طَالِبَةٌ فِي الْمَدْرَسَةِ.
마드라싸티 필 딸:리바툰 햐:디히

이 사람은 학교 학생입니다.

مَنْ هَذِهِ؟

مَنْ [만]은 '누구?'라는 의문사이고 هَذِهِ [하:디히]는 '이것'이라는 지시 대명사입니다. 의문사 مَنْ 뒤에 알고자 하는 사람이 주어로 나오면 됩니다.

- 지시 대명사 : 지시 대명사도 남녀로 나뉘어 있어 잘 구분해 써야 합니다. 또 사람과 사물을 모두 가리킬 수 있습니다. 이 역시 인칭 대명사처럼 격불변사이기 때문에 어느 자리에 들어가도 격모음이 변하지 않는다는 것을 기억하세요.

이것(남)	이것(여)	저것(남)	저것(여)
هَذَا	هَذِهِ	ذَلِكَ	تِلْكَ
하:다:	하:디히	달:리카	틸카

A: مَنْ هَذَا؟ 이 사람(남)은 누구입니까?
B: هَذَا حَامِدٌ. 이 사람은 하미드입니다.

A: مَنْ تِلْكَ؟ 저 사람(여)은 누구입니까?
B: تِلْكَ خَدِيجَةُ. 저 사람은 카디자입니다.

- ذَلِكَ، هَذِهِ، هَذَا는 첫 자음에 장모음표시는 없지만 장모음이 숨어있는 단어이므로 약간 길게 읽어줍니다.

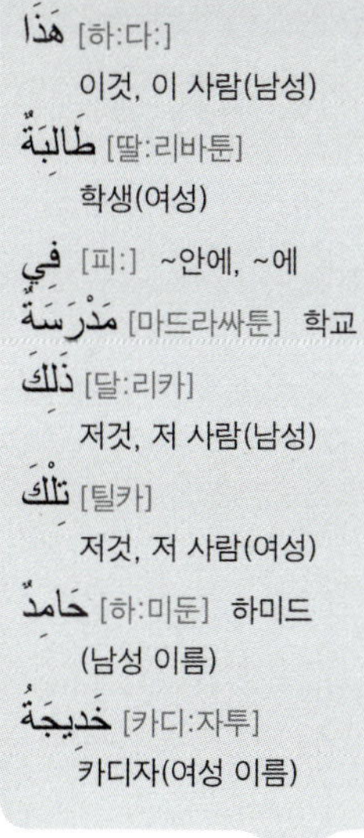

[단어]

مَنْ [만] 누구?

هَذِهِ [하:디히] 이것, 이 사람(여성)

هَذَا [하:다:] 이것, 이 사람(남성)

طَالِبَةٌ [딸:리바툰] 학생(여성)

فِي [피:] ~안에, ~에

مَدْرَسَةٌ [마드라싸툰] 학교

ذَلِكَ [달:리카] 저것, 저 사람(남성)

تِلْكَ [틸카] 저것, 저 사람(여성)

حَامِدٌ [하:미둔] 하미드 (남성 이름)

خَدِيجَةُ [카디:자투] 카디자(여성 이름)

짤막 회화 **05**

쓰무하 마

مَا اسْمُهَا؟ **M**

그녀의 이름이 무엇입니까?

마르야무 이쓰무하

اسْمُهَا مَرْيَمُ. **F**

그녀의 이름은 마르얌입니다.

 مَا اسْمُهَا؟

مَا [마:]는 '무엇?'이라는 뜻의 의문사로 사물을 물을 때 씁니다. 그 뒤에는 명사가 주어로 옵니다. اسْمُهَا는 두 개의 단어가 연결된 형태입니다. 앞의 اسْمُ은 명사 '이름', 뒤에 연결된 هَا 는 '그녀의'라는 접미 인칭 대명사로 두 단어를 결합하면 '그녀의 이름'이라는 뜻이 되지요. اسْمُ의 ا는 ء(함자)가 없어서 발음이 안되고 앞 단어와 바로 연음됩니다. '마 이쓰무하?'로 발음하지 말고 '마쓰무하?'로 발음해야 합니다.

- 접미 인칭 대명사 : 단어의 뒤에 바로 연결되며 영어 'my, your, his, her'의 뜻으로 쓰이는 대명사입니다. 명사 뒤에 접미 인칭 대명사가 연결되면 그 단어는 한정 상태가 되어 탄원(n발음)이 탈락합니다.

1인칭(남녀 공통)	2인칭(남)	2인칭(여)	3인칭(남)	3인칭(여)
ـِي	ـكَ	ـكِ	ـهُ	ـهَا
나의	당신(남)의	당신(여)의	그의	그녀의
이:	카	키	후	하

예

اسْمٌ + ـِي	اسْمٌ + ـكَ	اسْمٌ + ـكِ	اسْمٌ + ـهُ	اسْمٌ + ـهَا
↓	↓	↓	↓	↓
اسْمِي	اسْمُكَ	اسْمُكِ	اسْمُهُ	اسْمُهَا
나의 이름	당신(남)의 이름	당신(여)의 이름	그의 이름	그녀의 이름

- 1인칭 접미 대명사 ـِي 는 어느 자리에 들어가든지 격불변입니다.

 اسْمُهَا مَرْيَمُ.

مَرْيَمُ 마르얌은 대표적인 아랍 여성 이름이에요. 여성 이름은 늘 탄원이 떨어집니다.

마

مَا	[마:] 무엇입니까?
اسْمٌ	[이쓰문] 이름
ـِي	[이:] 나의
ـكَ	[카] 당신(남성)의
ـكِ	[키] 당신(여성)의
ـهُ	[후] 그의
ـهَا	[하] 그녀의
مَرْيَمُ	[마르야무] 마르얌(여성 이름)
اسْمِي	[이쓰미:] 나의 이름
اسْمُكَ	[이쓰무카] 당신(남성)의 이름
اسْمُكِ	[이쓰무키] 당신(여성)의 이름
اسْمُهُ	[이쓰무후] 그의 이름
اسْمُهَا	[이쓰무하] 그녀의 이름

짤막 회화 06

싸이:다툰 푸르싸툰

M فُرْصَةٌ سَعِيدَةٌ.

만나서 반갑습니다.

싸이:다툰 푸르싸툰

F فُرْصَةٌ سَعِيدَةٌ.

만나서 반갑습니다.

 فُرْصَةٌ سَعِيدَةٌ.

"만나서 반갑습니다."라는 뜻의 관용 표현이며 보통 처음 만난 사람과 헤어질 때 씁니다. 대답도 같은 표현으로 하면 됩니다.

فُرْصَة[푸르싸툰]은 '기회'라는 명사이고 سَعِيد[싸이:둔]은 '행복한'이라는 형용사입니다. 직역하면 '(당신을 만난 것이)행복한 기회다'라는 뜻입니다.

아랍어에서는 명사가 앞에 나오고 형용사가 그 뒤에 따라오며 명사를 꾸며 줍니다. 한국어나 영어와는 순서가 다르죠.

또 꼭 기억해야 할 중요한 문법은 명사를 꾸미는 형용사는 앞의 명사가 가지고 있는 모든 특징(성, 격, 한정, 수)과 일치해야 한다는 것입니다.

예를 들어 남성, 주격, 비한정, 단수의 특징을 가진 명사를 형용사가 꾸며 준다면 그 형용사도 남성형, 주격, 비한정, 단수의 형태로 만들어야 하죠.

예

아름다운 산(은) (○) جَبَلٌ جَمِيلٌ (○) اَلْجَبَلُ الْجَمِيلُ (×) جَبَلُ الْجَمِيلُ

새 자동차(를) (○) سَيَّارَةٌ جَدِيدَةٌ (○) اَلسَّيَّارَةَ الْجَدِيدَةَ (×) اَلسَّيَّارَةَ الْجَدِيدَ

헤어질 때 인사말

فُرْصَةٌ سَعِيدَةٌ이 처음 만난 사람과 헤어질 때 하는 인사라면 일상적으로 쓰는 인사도 있습니다.

مَعَ السَّلَامَةِ. [마앗쌀라:마] 안녕히 가세요.

إِلَى اللِّقَاءِ. [일랄리까:] 또 봅시다.

إِلَى اللِّقَاءِ.로 인사했을 때 مَعَ السَّلَامَةِ.로 답하거나 مَعَ السَّلَامَةِ.로 답하면 됩니다.

فُرْصَة [푸르싸툰] 기회

سَعِيد [싸이:둔] 행복한

جَبَل [자발룬] 산

جَمِيل [자밀:룬] 아름다운

سَيَّارَة [싸야:라툰] 자동차

جَدِيد [자디:둔] 새로운

مَعَ [마아] ~와 함께

سَلَامَة [쌀라:마툰] 평안, 안녕

إِلَى [일라:] ~로

لِقَاء [리까:운] 만남

حَامِدٌ	مَنْ أَنْتَ؟
	만 안티
مَرْيَمُ	أَنَا مَرْيَمُ. مَا اسْمُكَ؟
	아나 마르야무 마 쓰무카
حَامِدٌ	اِسْمِي حَامِدٌ.
	이쓰미 하:미둔
مَرْيَمُ	أَنَا طَالِبَةٌ. هَلْ أَنْتَ طَالِبٌ؟
	아나 딸:리바툰 할 안타 딸:리분
حَامِدٌ	نَعَمْ، أَنَا طَالِبٌ أَيْضًا.
	나암 아나 딸:리분 아이단
مَرْيَمُ	أَنَا مِنْ مِصْرَ. وَمِنْ أَيْنَ أَنْتَ؟
	아나 민 미쓰라 와민 아이나 안타
حَامِدٌ	أَنَا مِنْ لُبْنَانَ.
	아나 민 루브나:나
مَرْيَمُ	فُرْصَةٌ سَعِيدَةٌ.
	푸르싸툰 싸이:다툰
حَامِدٌ	فُرْصَةٌ سَعِيدَةٌ.
	푸르싸툰 싸이:다툰

하미드	당신은 누구입니까?
마르얌	나는 마르얌입니다. 당신의 이름은 무엇입니까?
하미드	나의 이름은 하미드입니다.
마르얌	나는 학생입니다. 당신은 학생입니까?
하미드	네, 저도 학생입니다.
마르얌	나는 이집트 출신입니다. 당신은 어디 출신입니까?
하미드	나는 레바논 출신입니다.
마르얌	만나서 반갑습니다.
하미드	만나서 반갑습니다.

حَامِدٌ	[하:미둔]	하미드(남성 이름)
مَنْ	[만]	누구?
أَنْتِ	[안티]	당신(여성)은
مَرْيَمُ	[마르야무]	마르얌(여성 이름)
أَنَا	[아나]	나는
مَا	[마:]	무엇입니까?
اسْمُكَ	[이쓰무카]	당신의 이름
اسْمِي	[이쓰미:]	나의 이름
طَالِبَةٌ	[딸:리바툰]	학생(여성)
هَلْ	[할]	~입니까?, ~합니까?
أَنْتَ	[안타]	당신(남성)은
طَالِبٌ	[딸:리분]	학생(남성)
نَعَمْ	[나암]	네
أَيْضًا	[아이단]	역시, 또한
مِنْ	[민]	~로부터
مِصْرُ	[미쓰루]	이집트
أَيْنَ	[아이나]	어디에?
لُبْنَانُ	[루브나:누]	레바논
فُرْصَةٌ	[푸르싸툰]	기회
سَعِيدٌ	[싸이:둔]	행복한

연습 문제

1 빈칸에 들어갈 말로 알맞은 것은?

A مَا اسْمُك؟

B ________ مَرْيَمُ.

① اِسْمِي　② اِسْمُكَ　③ اِسْمُكِ　④ اِسْمُهُ　⑤ اِسْمُهَا

2 빈칸에 들어갈 말로 알맞은 것은?

A ________؟

B أَنَا مِنْ كُورِيَا.

① مَنْ أَنْتَ　② مَا اسْمُكَ　③ هَلْ أَنْتَ　④ مِنْ أَيْنَ أَنْتَ　⑤ أَنَا طَالِبٌ

3 대화의 상황으로 알맞은 것은?

A فُرْصَةٌ سَعِيدَةٌ.

B فُرْصَةٌ سَعِيدَةٌ.

① 감사할 때　② 충고할 때　③ 헤어질 때　④ 위로할 때　⑤ 축하할 때

4 대화의 순서를 바르게 배열한 것은?

Ⓐ أَنَا مِنْ مِصْرَ.　Ⓑ مِنْ أَيْنَ أَنْتَ؟

Ⓒ هَلْ أَنْتَ طَالِبٌ؟　Ⓓ لَا، أَنَا مُدَرِّسٌ.

① Ⓑ → Ⓐ → Ⓓ → Ⓒ　② Ⓑ → Ⓓ → Ⓒ → Ⓐ　③ Ⓒ → Ⓑ → Ⓐ → Ⓓ

④ Ⓒ → Ⓐ → Ⓑ → Ⓓ　⑤ Ⓒ → Ⓓ → Ⓑ → Ⓐ

ٱلْمَمْلَكَةُ الْعَرَبِيَّةُ السُّعُودِيَّةُ 사우디아라비아

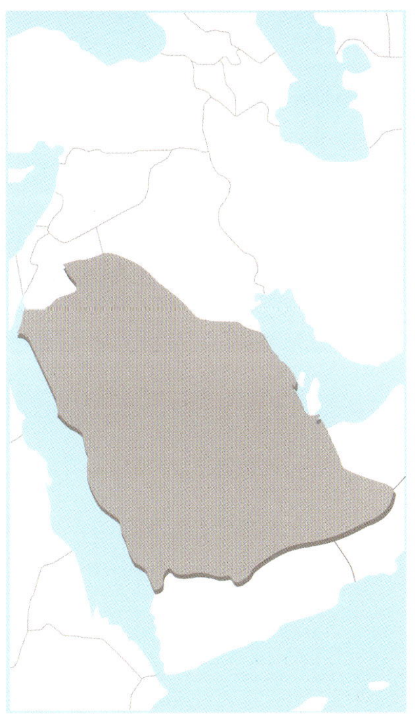

위치	아라비아 반도 중심부
공식 명칭	사우디아라비아 왕국
수도	리야드
면적	약 215만㎢
인구	약 2,700만 명(2010)
민족 구성	베드윈 족 27%, 기타 아랍 정착민 73%
종교	이슬람 100%
언어	아랍어
정치 체제	이슬람군주정
화폐 단위	사우디 리얄 (SAR)
기후	사막 기후
건국일	1932년 9월 23일
GDP	약 5,786억 달러(2010)
1인당 GDP	21,685달러(2010)
주요 자원	원유(세계 매장량의 21%)

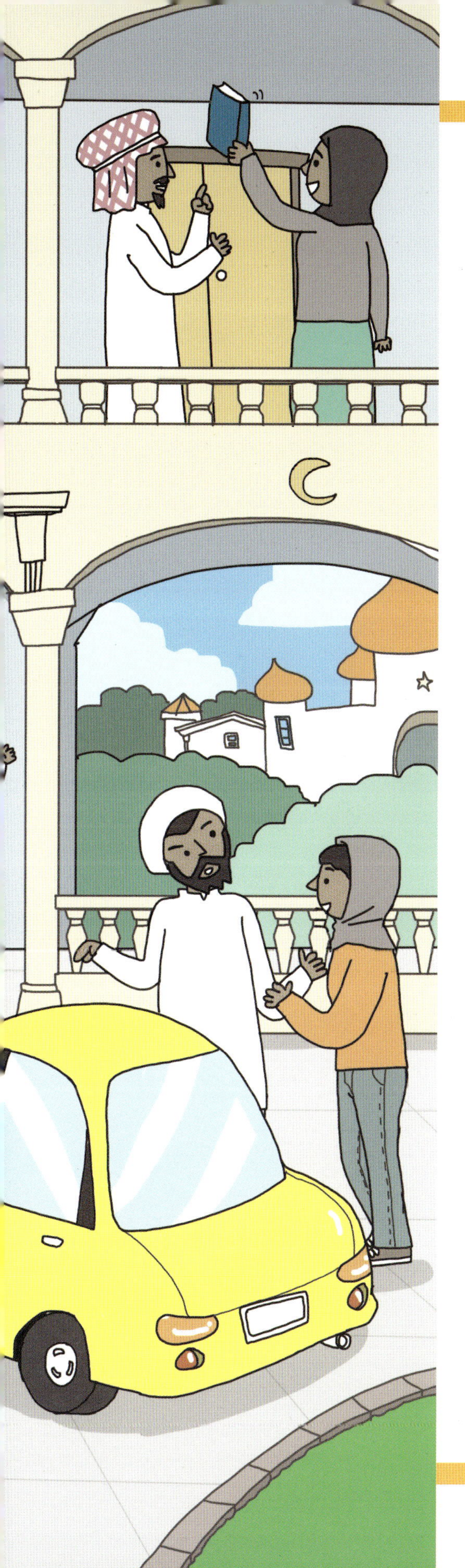

3

مَا هَذَا؟

이것은 무엇입니까?

- 지시대명사를 이용한 문장 익히기

- 'مَاذَا / مَا' 의문사를 이용해 사물의 명칭 묻고 답하기

- 부사를 술어로 갖는 명사문 익히기

- 접미인칭대명사 익히기

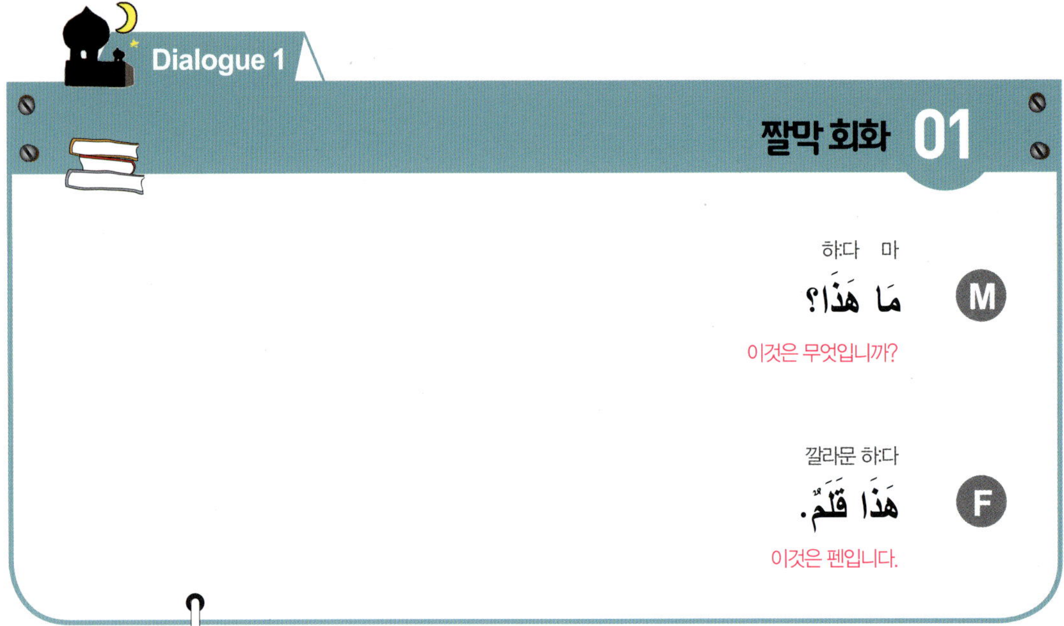

짤막 회화 `01`

M **مَا هَذَا؟**
하:다 마

이것은 무엇입니까?

F **هَذَا قَلَمٌ.**
깔라문 하:다

이것은 펜입니다.

مَا هَذَا؟

مَا [마:]는 '무엇입니까?'라는 뜻으로 사물을 물을 때 쓰는 의문사예요. مَا 뒤에는 일반 명사나 지시 대명사 등 명사류만 뒤따를 수 있어요. هَذَا [하:다:]는 '이것'이라는 뜻의 남성 지시 대명사입니다.

هَذَا قَلَمٌ.

هَذَا [하:다] 이것은 قَلَمٌ [깔라문] 펜입니다. 앞에서 배웠던 명사문으로, 명사를 술어로 갖습니다. "This is a pen."에서 be 동사만 제외했다고 생각하면 쉬워요. 지시 대명사는 격모음이 변하지 않는 불변사이기 때문에 주어로 오더라도 주격 모음을 쓰지 않습니다. 그에 반해 술어는 주격 모음을 써야 하지요.

또 잊지 말아야 할 것은 술어와 주어의 성 일치예요.

이것(남)은 책(남)입니다. [하:다: 키타:분]   **هَذَا كِتَابٌ.**
이것(남)은 책상/사무실(남)입니다. [하:다: 막타분]   **هَذَا مَكْتَبٌ.**
이것(남)은 의자(남)입니다. [하:다: 쿠르씨윤]   **هَذَا كُرْسِيٌّ.**
저것(남)은 교실(남)입니다. [달:리카 파쓸룬]   **ذَلِكَ فَصْلٌ.**
저것(남)은 운동장(남)입니다. [달:리카 말아분]   **ذَلِكَ مَلْعَبٌ.**

هَذَا [하:다:] 이것
(남성 지시 대명사)
قَلَمٌ [깔라문] 펜
مَا [마:] 무엇입니까?
كِتَابٌ [키타:분] 책
مَكْتَبٌ [막타분]
책상, 사무실
كُرْسِيٌّ [쿠르씨윤] 의자
ذَلِكَ [달:리카] 저것
(남성 지시 대명사)
فَصْلٌ [파쓸룬]
교실, 계절
مَلْعَبٌ [말아분] 운동장

짤막 회화 **02**

M

햐:디히　마:

مَا هَذِهِ؟

이것은 무엇입니까?

F

싸야:라툰　하:디히

هَذِهِ سَيَّارَةٌ.

이것은 자동차입니다.

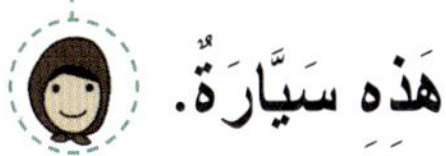

هَذِهِ سَيَّارَةٌ.

هَذِهِ [하:디히]는 '이것'이라는 여성 지시 대명사입니다. سَيَّارَةٌ [싸야:라툰]은 '자동차'라는 뜻이죠. 중요한 것은 주어와 술어가 모두 여성으로 일치한다는 점입니다.

هَذِهِ كُرَةٌ. [하:디히 쿠라툰]	이것(여)은 공(여)입니다.
هَذِهِ سَبُّورَةٌ. [하:디히 쌉부:라툰]	이것(여)은 칠판(여)입니다.
هَذِهِ مَدْرَسَةٌ. [하:디히 마드라싸툰]	이것(여)은 학교(여)입니다.
تِلْكَ سَاعَةٌ. [틸카 싸:아툰]	저것(여)은 시계(여)입니다.
تِلْكَ حَقِيبَةٌ. [틸카 하끼:바툰]	저것(여)은 가방(여)입니다.

짤막 회화 03

후나:카   마:다:

M مَاذَا هُنَاكَ؟

저기에 무엇이 있습니까?

후나:카 알하끼:바투

F الْحَقِيبَةُ هُنَاكَ.

가방이 저기에 있습니다.

 مَاذَا هُنَاكَ؟

مَاذَا [마:다:]는 '무엇입니까'라는 뜻의 의문사로 이 의문사 뒤에는 동사, 전치사구, 부사어만 올 수 있어요. 앞에서 본 مَا와 뜻은 같지만 مَا를 뒤따르는 단어가 명사여야 한다는 점에서 두 의문사의 차이점을 알 수 있습니다.

هُنَاكَ [후나:카]는 '저기'라는 뜻의 부사입니다. 두 단어를 연결하면 "저기에 무엇이 있습니까?"라는 뜻의 문장이 됩니다.

 الْحَقِيبَةُ هُنَاكَ.

حَقِيبَة [하끼:바툰]은 '가방'이라는 뜻이고 هُنَاكَ [후나:카]는 '저기'라는 뜻으로 "가방이 저기에 있습니다."로 해석합니다. 아랍어 문장에서 동사가 없는 문장은 단어만 나열해 주어와 술어를 표시한다는 것 기억하시나요? 가방은 주어이니 주격 모음을 표시했고, 부사인 '저기'라는 단어는 격불변사이기 때문에 술어라도 주격 모음을 표시하지 않습니다. 주어에 정관사를 붙여 한정으로 표기할 때는 주어, 술어 순으로 문장을 씁니다.

명사가 술어가 되는 문장에서는 주어와 술어의 성 일치가 중요했는데요. 부사가 술어일 때는 성을 일치시킬 수 없습니다. 부사에는 성이 없거든요.

책이 저기에 있습니다. [알키타:부 후나:카] الْكِتَابُ هُنَاكَ.

자동차가 여기에 있습니다. [앗싸야:라투 후나:] السَّيَّارَةُ هُنَا.

مَاذَا [마:다:] 무엇입니까?
هُنَاكَ [후나:카] 저기
حَقِيبَة [하끼:바툰] 가방
كِتَاب [키타:분] 책
سَيَّارَة [싸야:라툰] 자동차

후나: 마:다:

M مَاذَا هُنَا؟

여기에 무엇이 있습니까?

키타:분 후나:

F هُنَا كِتَابٌ.

여기에 책이 있습니다.

 مَاذَا هُنَا؟

مَاذَا는 '무엇입니까?'라는 뜻의 의문사이고 هُنَا [후나:]는 '여기'라는 부사입니다. 두 단어를 연결해 "여기에 무엇이 있습니까?"라고 해석합니다.

 هُنَا كِتَابٌ.

이 문장에서는 술어인 부사 هُنَا가 문장의 제일 앞에 있습니다. 그 이유는 주어인 كِتَابٌ 책이 정관사와 같이 한정을 나타내는 표시가 없는 비한정 상태이기 때문이죠. 부사가 술어로 오는 문장에서 주어를 한정으로 쓰면 주어, 술어 순이고, 주어를 비한정으로 두면 술어, 주어 순으로 씁니다.

اَلسَّيَّارَةُ هُنَا. ← هُنَا سَيَّارَةٌ.　[후나: 싸야:라툰]

[앗싸야:라투 후나:]　자동차가 여기에 있습니다.

اَلْمَكْتَبُ هُنَاكَ. ← هُنَاكَ مَكْتَبٌ.　[후나:카 막타분]

[알막타부 후나:카]　책상이 저기에 있습니다.

مَاذَا [마:다:] 무엇입니까?
هُنَا [후나:] 여기
كِتَابٌ [키타:분] 책
سَيَّارَةٌ [싸야:라툰] 자동차
مَكْتَبٌ [막타분] 책상, 사무실

짤막 회화 **05**

M

마크타비　알랄　마:다:

مَاذَا عَلَى الْمَكْتَبِ؟

책상 위에 무엇이 있습니까?

마크타비　알랄　앗다프타루

F

اَلدَّفْتَرُ عَلَى الْمَكْتَبِ.

공책이 책상 위에 있습니다.

مَاذَا عَلَى الْمَكْتَبِ؟

전치사 عَلَى [알라:](~위에)와 명사 مَكْتَبٌ [막타분](책상)이 전치사구를 이뤄 '책상 위에' 라는 뜻이 되지요. "책상 위에 무엇이 있습니까?"라는 질문을 하기 위해서는 مَا와 مَاذَا 중 하나를 써야 합니다. مَا 뒤에는 명사, مَاذَا 뒤에는 동사, 전치사구, 부사어가 온다는 것 기억하세요.

또 전치사 뒤에 오는 단어는 무조건 '소유격'입니다.

اَلدَّفْتَرُ عَلَى الْمَكْتَبِ.

دَفْتَرٌ [다프타룬](공책)은 주어이고 عَلَى الْمَكْتَبِ [알랄막타비]는 전치사구로 술부 역할을 합니다.

영어의 "the notebook is on the desk."에서 be 동사만 빠진 형태이죠?

전치사구가 술부인 문장도 주어와 술어를 일치시키지 못합니다.

또 정관사의 ا 앞에 단어가 있을 때는 ا가 발음되지 않고 앞 단어의 마지막 발음에서 정관사의 ل로 바로 이어서 발음됩니다.

عَلَى الْمَكْتَبِ 알라: 알막타비(×)　알랄막타비(○)

은행은 학교 앞에 있습니다. [알반쿠 아마:말마드라싸티]　اَلْبَنْكُ أَمَامَ الْمَدْرَسَةِ.

나는 집에 있습니다.　[아나 필바이티]　أَنَا فِي الْبَيْتِ.

그는 무함마드와 함께 있습니다.　[후와 마아 무함마딘]　هُوَ مَعَ مُحَمَّدٍ.

عَلَى [알라:] ~위에

مَكْتَبٌ [막타분] 책상, 사무실

مَاذَا [마:다:] 무엇입니까?

دَفْتَرٌ [다프타룬] 공책

بَنْكٌ [반쿤] 은행

أَمَامَ [아마:마] ~앞에

مَدْرَسَةٌ [마드라싸툰] 학교

أَنَا [아나] 나는

فِي [피:] ~안에

بَيْتٌ [바이툰] 집

هُوَ [후와] 그는

مَعَ [마아] ~와 함께

مُحَمَّدٌ [무함마둔] 무함마드(남성 이름)

짤막 회화 **06**

파쓸리 필 만
مَنْ فِي الْفَصْلِ؟ **M**

교실에 누가 있습니까?

와딸:리바툰 와딸:리분 무다르리싸툰 파쓸리 필
فِي الْفَصْلِ مُدَرِّسَةٌ وَطَالِبٌ وَطَالِبَةٌ. **F**

교실에는 선생님과 남학생, 여학생이 있습니다.

في [피:] ~안에

فَصْل [파쓸룬] 교실, 계절

مَنْ [만] 누구입니까?

طَالِبٌ [딸:리분] 남학생

طَالِبَةٌ [딸:리바툰] 여학생

عَلَى [알라:] ~위에

مَكْتَبٌ [막타분]
책상, 사무실

قَلَمٌ [깔라문] 펜

دَفْتَرٌ [다프타룬] 공책

كِتَابٌ [키타:분] 책

أَمَامَ [아마:마] ~앞에

بَيْتٌ [바이툰] 집

حَدِيقَةٌ [하디:까툰] 공원

مَطْعَمٌ [마뜨아문] 식당

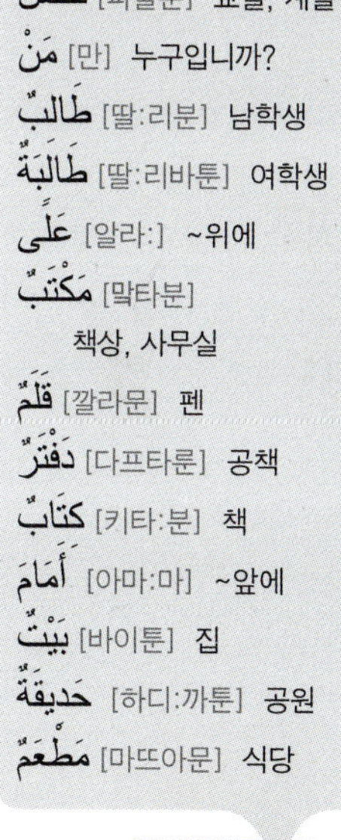

 **مَنْ فِي الْفَصْلِ؟**

في [피:](~안에)와 **فَصْل** [파쓸룬](교실)이 전치사구를 이뤄 '교실 안에'라는 뜻이 되고 그 앞에 **مَنْ** [만](누구)이라는 의문사가 이 문장의 주어 역할을 하죠. "교실에 누가 있습니까?"로 해석합니다.

 **فِي الْفَصْلِ مُدَرِّسَةٌ وَطَالِبٌ وَطَالِبَةٌ.**

فِي الْفَصْلِ [필파쓸리]는 전치사구로 술부 역할을 하고 뒤따르는 명사들 **مُدَرِّسَةٌ** [무다르리 싸툰](여선생님), **طَالِبٌ** [딸:리분](남학생), **طَالِبَةٌ** [딸:리바툰](여학생)이 주어입니다. 이유를 아시겠나요? 전치사구나 부사가 술부인 문장에서 주어를 비한정(a, an)으로 쓰는 경우, 주어와 술어의 순서가 바뀝니다. 또 주어를 길게 써서 나열할 때도 이런 방법을 취합니다.

عَلَى الْمَكْتَبِ قَلَمٌ وَدَفْتَرٌ وَكِتَا:ب. [알랄막타비 깔라문 와다프타룬 와키타:분]
책상 위에 펜과 공책과 책이 있습니다.

أَمَامَ الْبَيْتِ حَدِيقَةٌ وَمَدْرَسَةٌ وَمَطْعَمٌ. [아마:말바이티 하디:까툰 와마드라싸툰 와마뜨아문]
집 앞에 공원과 학교와 식당이 있습니다.

실전 회화

سَالِمٌ   مَا هَذِهِ؟
마: 햐:디히

كَرِيمَةُ   هَذِهِ مَدْرَسَةٌ.
햐:디히 마드라싸툰

سَالِمٌ   مَاذَا هُنَاكَ؟
마:다 후나:카

كَرِيمَةُ   الْفَصْلُ هُنَاكَ.
알파쓸루 후나:카

سَالِمٌ   مَنْ فِي الْفَصْلِ؟
만 필파쓸리

كَرِيمَةُ   فِي الْفَصْلِ مُدَرِّسٌ وَطَالِبٌ وَطَالِبَةٌ.
필파쓸리 무다르리쑨 와딸:리분 와딸:리바툰

سَالِمٌ   مَاذَا عَلَى الْمَكْتَبِ؟
마:다 알랄막타비

كَرِيمَةُ   عَلَى الْمَكْتَبِ قَلَمٌ وَكِتَابٌ وَدَفْتَرٌ.
알랄막타비 깔라문 와키타:분 와다프타룬

쌀림	이것은 무엇입니까?
카리마	이것은 학교입니다.
쌀림	저기에 무엇이 있습니까?
카리마	교실이 있습니다.
쌀림	교실에는 누가 있습니까?
카리마	선생님과 남학생, 여학생이 있습니다.
쌀림	책상 위에 무엇이 있습니까?
카리마	책상 위에 펜과 책과 공책이 있습니다.

سَالِمٌ	[쌀:리문]	쌀림(남성 이름)
كَرِيمَةُ	[카리:마투]	카리마(여성 이름)
مَا	[마:]	무엇입니까?
هَذِه	[하:디히]	이것(여성 지시 대명사)
مَدْرَسَةٌ	[마드라싸툰]	학교
مَاذَا	[마:다:]	무엇입니까?
هُنَاكَ	[후나:카]	저기
فَصْلٌ	[파쓸룬]	교실, 계절
مَنْ	[만]	누구입니까?
فِي	[피:]	~안에
مُدَرِّسٌ	[무다르리쑨]	남교사
طَالِبٌ	[딸:리분]	남학생
طَالِبَةٌ	[딸:리바툰]	여학생
عَلَى	[알라:]	~위에
مَكْتَبٌ	[막타분]	책상, 사무실
قَلَمٌ	[깔라문]	펜
كِتَابٌ	[키타:분]	책
دَفْتَرٌ	[다프타룬]	공책

연습 문제

1 바르게 표현되지 않은 것은?

① هَذَا قَلَمٌ. ② هَذَا سَيَّارَةٌ. ③ هَذِهِ حَقِيبَةٌ.

④ هَذَا كُرْسِيٌّ. ⑤ هَذِهِ سَبُّورَةٌ.

2 보기의 문장에서 밑줄 친 낱말들의 의미를 포괄하는 것은?

> عَلَى الْمَكْتَبِ دَفْتَرٌ وَكِتَابٌ وَقَلَمٌ.

① 학용품 ② 날씨 ③ 방위 ④ 화폐 ⑤ 운동

3 빈칸에 들어갈 말로 알맞지 않은 것은?

> A مَا هَذَا؟
>
> B هَذَا _________.

① فَصْلٌ ② بَيْتٌ ③ مَلْعَبٌ ④ بَنْكٌ ⑤ مَدْرَسَةٌ

4 빈칸에 들어갈 말로 알맞은 것은?

> A _________ هُنَاكَ؟
>
> B هُنَاكَ حَدِيقَةٌ.

① هَلْ ② مَا ③ مَاذَا ④ أَيْنَ ⑤ مَنْ

전통 의상   اَلْمَلَابِسُ التَّقْلِيدِيَّةُ الْعَرَبِيَّةُ

전통 의상은 지역과 나라, 성별에 따라 스타일이 다르며 명칭도 각기 다르다. 또 청바지, 티셔츠 등 서구식 현대 의상도 많이 착용한다. 아래는 보편적으로 착용하는 전통 의상들이다.

1) 싸웁 ثَوْبٌ

길고 넓은 통치마 원피스처럼 생겼으며 남성이 입는다

싸웁

2) 쿠피야 كُوفِيَّةٌ 와 이깔 عِقَالٌ

쿠피야는 남자가 쓰는 두건이다. 보통 흰색 바탕에 빨간색이나 검은색의 무늬가 있다. 요즘에는 전 세계적으로 크게 유행해 쉽게 찾아볼 수 있다.

이깔은 쿠피야를 고정하기 위해 얹은 굵은 끈을 말한다.

쿠피야

이깔

3) 질밥 جِلْبَابٌ

여자는 얼굴과 손, 발을 제외한 신체 부분이 노출되지 않는 옷을 입는다.

4) 히잡 حِجَابٌ 과 니깝 نِقَابٌ

히잡은 머리카락 전체나 일부를 가리고, 니깝은 눈을 제외한 얼굴 전체를 가리는 전통 복장이다. 대부분의 현대 여성은 히잡을 주로 착용하며 국가의 개방 정도나 가풍에 따라 히잡을 착용하지 않는 여성도 더러 있다.

질밥

히잡

니깝

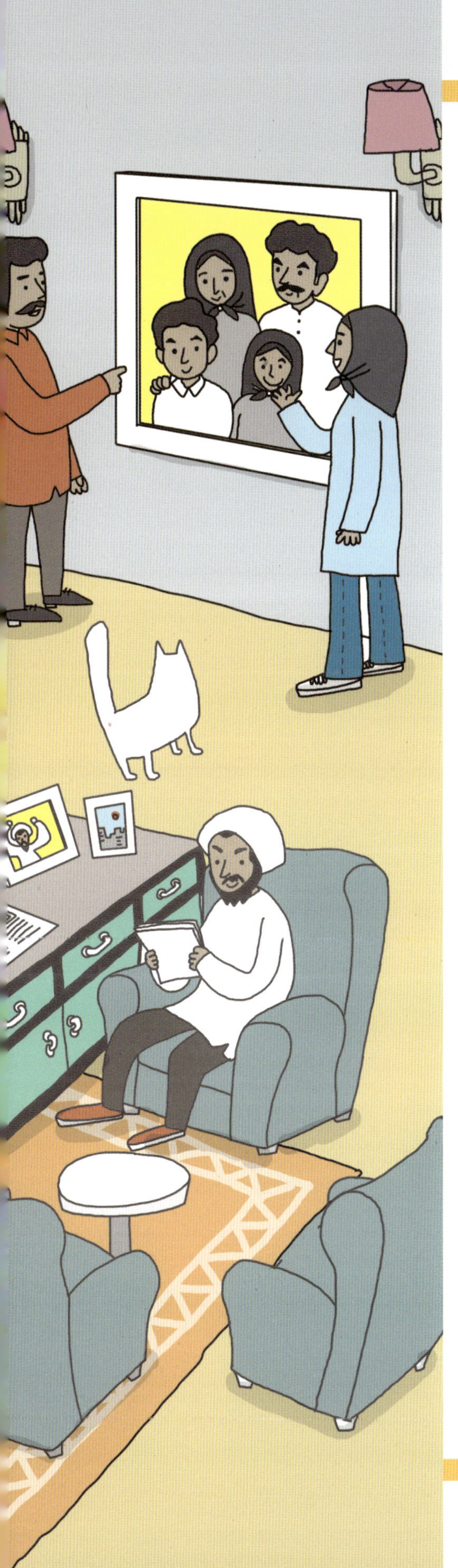

صُورَةُ الأُسْرَةِ

가족 사진

- 명사 연결형 익히기

- أَخٌ과 أَبٌ의 형태 변화

- 가족 소개하기

짤막 회화 01

M 

쑤:라툴우쓰라티　하:디히　할

هَلْ هَذِهِ صُورَةُ الْأُسْرَةِ؟

이것은 가족 사진입니까?

F

쑤:라툴우쓰라티　하:디히　나암

نَعَمْ، هَذِهِ صُورَةُ الْأُسْرَةِ.

네, 이것은 가족 사진입니다.

 هَلْ هَذِهِ صُورَةُ الْأُسْرَةِ؟

아랍어에는 '명사 연결형'이라는 것이 있습니다. 두 개 이상의 명사가 연결된 형태로 복합어나 소유 관계인 단어를 만들 때 쓰입니다. 우리말로 '가족 사진'은 '가족'과 '사진'이 연결된 말이죠. 아랍어도 마찬가지입니다. 대신 우리말과는 반대로 '사진'을 앞에, '가족'을 뒤에 씁니다.

앞의 명사는 문장 내의 기능에 따라 주격, 목적격, 소유격으로 변할 수 있고 단어의 성을 결정하죠. 뒤의 명사는 항상 소유격으로 씁니다. 또 앞의 명사는 뒤의 명사에 의해 한정되기 때문에 탄윈이 떨어져야합니다. 그리고 뒤의 단어는 의도에 따라 비한정 혹은 한정으로 쓸 수 있습니다.

위의 문장에서는 صُورَةٌ이 술어이므로 성을 일치시켜 주어를 هَذِه 로 써야 합니다.

صُورَةٌ (사진) + أُسْرَةٌ (가족) ← صُورَةُ أُسْرَةٍ

← صُورَةُ أُسْرَةٍ (한 가족의 사진) / صُورَةُ الْأُسْرَةِ (그 가족의 사진)

مَكْتَبَةٌ (도서관) + جَامِعَةٌ (대학) ← مَكْتَبَةُ جَامِعَةٍ

← مَكْتَبَةُ جَامِعَةٍ (한 대학의 도서관) / مَكْتَبَةُ الْجَامِعَةِ (그 대학의 도서관)

سَيَّارَةٌ (자동차) + مُدَرِّسٌ (선생님) ← سَيَّارَةُ مُدَرِّسٍ

← سَيَّارَةُ مُدَرِّسٍ (한 선생님의 자동차) / سَيَّارَةُ الْمُدَرِّسِ (그 선생님의 자동차)

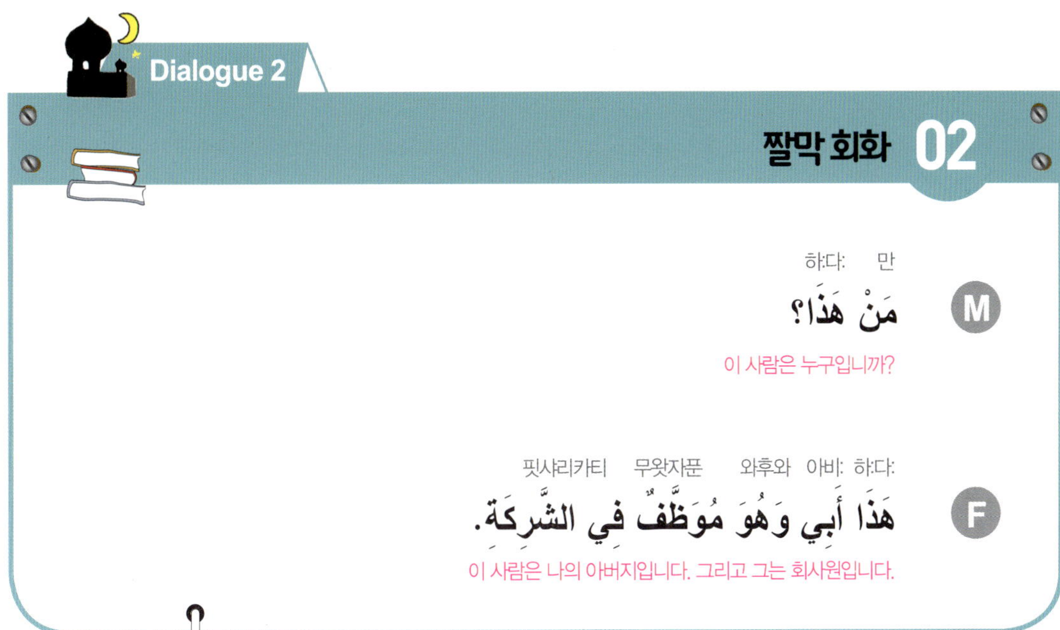

하:다: 만
مَنْ هَذَا؟
이 사람은 누구입니까?

핏샤리카티   무왓자푼   와후와   아비: 하:다:
هَذَا أَبِي وَهُوَ مُوَظَّفٌ فِي الشَّرِكَةِ.
이 사람은 나의 아버지입니다. 그리고 그는 회사원입니다.

أَبِي

أَبٌّ [아분](아버지)과 접미 인칭 대명사 ي [이:](나의)가 연결된 단어로 '나의 아버지'로 해석합니다. 접미 대명사 ي 는 주어, 목적어, 술어에 상관없이 늘 그 형태를 유지합니다.

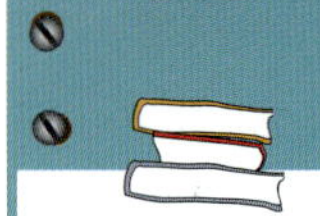

햐:디히　만

مَنْ هَذِهِ؟ (M)

이 사람은 누구입니까?

필무스타슈파　무마르리다툰　와히야　움미: 햐:디히

هَذِهِ أُمِّي وَهِيَ مُمَرِّضَةٌ فِي الْمُسْتَشْفَى. (F)

이 사람은 나의 어머니입니다. 그리고 그녀는 병원의 간호사입니다.

 **هَذِهِ**

지시 대명사는 사물과 사람을 가리킬 때 모두 사용됩니다.

 **مُسْتَشْفَى**

전치사 뒤에 오는 명사는 소유격이어야 하지만 مُسْتَشْفَى [무스타슈판] (병원) 은 알리프막쑤라 ــَى 로 끝나는 단어로 격불변입니다. 정관사를 붙여도 탄윈만 탈락하고 격모음이나 알리프막쑤라는 변하지 않습니다.

مُسْتَشْفَى → الْمُسْتَشْفَى

أُمِّي [움미:] 나의 어머니
مُمَرِّض [무마르리둔] 간호사
مُسْتَشْفَى [무스타슈판] 병원

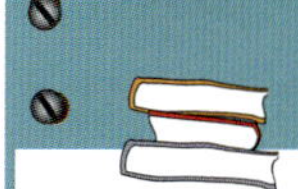

짤막 회화 **04**

M

아쿠:키 하:다: 할
هَلْ هَذَا أَخُوكِ؟

이 사람은 당신의 남자 형제입니까?

F

캬:티분 와후와 아카: 하:다: 나암
نَعَمْ، هَذَا أَخِي وَهُوَ كَاتِبٌ.

네, 이 사람은 나의 남자 형제입니다. 그리고 그는 작가입니다.

 أَخُوكِ

أَخّ [아쿤](형제)에 접미 대명사 كِ [키](당신(여)의)가 연결된 단어입니다. 일반적인 명사 뒤에 접미 대명사(كَ كِ هُ هَا)가 연결되면 탄윈만 탈락하고 그 뒤에 바로 접미 대명사가 연결되지만 أَبّ(아버지)와 أَخّ(형제)는 다릅니다. 접미 대명사가 연결되면 탄윈이 떨어지고 격모음에 해당하는 장모음을 삽입한 후 접미 대명사를 연결해야 합니다.

당신(남)의 아버지는 (○) أَبُوكَ (×) أَبْكَ ← كَ + أَبّ

당신(여)의 아버지는 (○) أَخُوكِ (×) أَخْكِ ← كِ + أَخّ

그의 아버지를 (○) أَبَاهُ (×) أَبَهُ ← هُ + أَبَا

무함마드의 형제의 (×) أَخ مُحَمَّدٍ / (○) أَخِي مُحَمَّدٍ ← أَخ مُحَمَّدٍ ← مُحَمَّدٌ + أَخِ

أَخُوكِ [아쿠:키]
당신(여성)의 남자 형제
أَبّ [아분] 아버지
مُحَمَّدٌ [무함마둔] 무함마드
كَاتِبٌ [카:티분] 작가

실전 회화

كَمَالٌ   هَلْ هَذِهِ صُورَةُ الْأُسْرَةِ؟

쑤:라툴우쓰라티   하:디히   할

سُعَادُ   نَعَمْ، هَذِهِ صُورَةُ الْأُسْرَةِ.

쑤:라툴우쓰라티   하:디히   나암

كَمَالٌ   مَنْ هَذَا؟

하:다   만

سُعَادُ   هَذَا أَبِي وَهُوَ مُوَظَّفٌ فِي الشَّرِكَةِ.

핏샤리카티   무왓자푼   와후와   아비: 하:다

كَمَالٌ   مَنْ هَذِهِ؟

하:디히   만

سُعَادُ   هَذِهِ أُمِّي وَهِيَ مُمَرِّضَةٌ فِي الْمُسْتَشْفَى.

필무스타슈파   무마르리다툰   와히야   움미: 하:디히

كَمَالٌ   هَلْ هَذَا أَخُوكَ؟

아쿠:카   하:다   할

سُعَادُ   نَعَمْ، هَذَا أَخِي وَهُوَ كَاتِبٌ.

캬:티분   와후와   아키: 하:다   나암

مَنْ [만]	누구입니까?
هُوَ [후와]	그는
أَبِي [아비:]	나의 아버지
مُوَظَّفٌ [무왓자푼]	직원
شَرِكَةٌ [샤리카툰]	회사
أَخُوكِ [아쿠:키]	당신(여성)의 남자 형제
أَبٌ [아분]	아버지
مُحَمَّدٌ [무함마둔]	무함마드
كَاتِبٌ [카:티분]	작가

카말	이것은 가족 사진입니까?
쑤아드	네, 이것은 가족 사진입니다.
카말	이 사람(남)은 누구입니까?
쑤아드	이 사람은 나의 아버지이고 그는 회사 직원입니다.
카말	이 사람(여)은 누구입니까?
쑤아드	이 사람은 나의 어머니이고 병원의 간호사입니다.
카말	이 사람(남)은 당신의 형제입니까?
쑤아드	네, 이 사람은 나의 형제이고 그는 작가입니다.

연습 문제

1 빈칸에 공통으로 들어갈 말로 알맞은 것은?

A   هَلْ هَذِهِ صُورَةُ ________ ؟

B   نَعَمْ، هَذِهِ صُورَةُ ________ .

⑤ الْأُسْرَةُ　　④ الْأُسْرَةِ　　③ الْأُسْرَةَ　　② أُسْرَةً　　① أُسْرَةٌ

2 빈칸에 들어갈 말로 알맞은 것은?

A   هَلْ هُوَ ________ ؟

B   نَعَمْ، هُوَ أَبِي.

⑤ أَبِيكَ　　④ أَبَاكَ　　③ أَبُكَ　　② أَبُوكَ　　① أَبُكَ

3 빈칸에 들어갈 말로 알맞은 것은?

A   ________ هَذِهِ؟

B   هَذِهِ أُمِّي.

⑤ كَيْفَ　　④ أَيْنَ　　③ مَاذَا　　② مَا　　① مَنْ

4 빈칸에 들어갈 말을 모두 고른 것은?

A   مَنْ هِيَ؟

B   هِيَ ________ .

Ⓓ مَرْيَمُ　　Ⓒ مُوَظَّفَةٌ　　Ⓑ صُورَةٌ　　Ⓐ مُمَرِّضَةٌ

① Ⓐ, Ⓑ　　② Ⓐ, Ⓑ, Ⓒ　　③ Ⓐ, Ⓒ, Ⓓ

④ Ⓑ, Ⓒ　　⑤ Ⓑ, Ⓒ, Ⓓ

대표적인 관광지 및 유적지1

1) 피라미드 اَلْأَهْرَامُ

이집트의 수도 카이로 서쪽 외곽에 있는 기자 지구. 그곳에 세계 7대 불가사의 중 하나로 꼽히는 피라미드가 있다. 피라미드 지역 입구에는 스핑크스가 그 위용을 자랑한다.

피라미드가 왕의 무덤이며 왕이 하늘로 오를 수 있는 계단 역할을 했다면 스핑크스는 피라미드를 지키는 역할을 했다. 이 지역에 가면 낙타를 타고 관광을 즐길 수 있는데 호객꾼이 많아 엄청난 바가지를 쓸 수 있으니 조심해야 한다.

기자의 피라미드

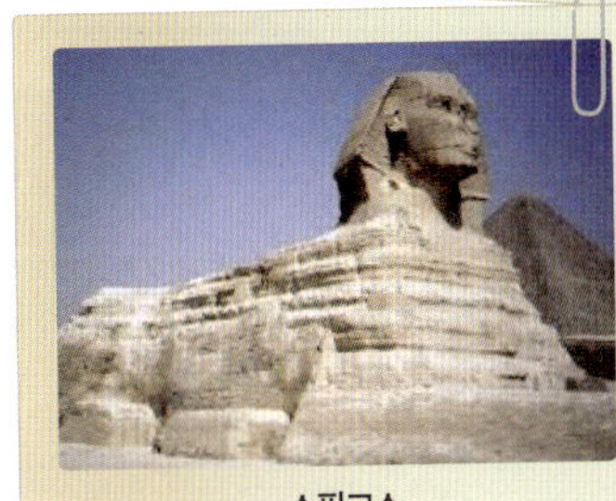
스핑크스

2) 페트라 اَلْبَتْرَاء

유네스코가 지정한 세계문화유산의 하나로 요르단 남서부 내륙 사막 지대에 위치한 고대 도시 유적이다. 아랍계 유목민 나바트 인이 건설한 고대 도시로 향료 무역이 번성했다.

좁고 깊은 골짜기를 따라 들어가면 바위산을 깎아 만든 웅장한 규모의 도시 페트라를 만나게 된다. 하루 종일 걸어도 모두 돌아보지 못할 정도로 규모가 크니 힘들다면 당나귀를 타고 둘러보는 것도 한 방법이다 영화 '인디아나 존스 – 마지막 성배'와 '트랜스포머2'의 촬영지로도 유명하다

페트라

3) 사해 اَلْبَحْرُ الْمَيِّتُ

요르단과 이스라엘 사이에 있는 바다이다. 지구에서 가장 낮은 해발 -418미터에 위치한다.

기후로 인한 바닷물의 증발로 염분 농도는 최고 리터당 340그램에 달한다. 그래서 이곳에는 생명체가 살 수 없다. 검은 사해 진흙과 미네랄 온천수, 사해 소금이 유명하다.

페트라

사해

사해 진흙

5

كَيْفَ الْجَوُّ الْيَوْمَ؟

날씨가 어떻습니까?

- 의문사 كَيْفَ 를 이용하여
  날씨 묻기

- 계절 관련 단어 익히기

짤막 회화 01

야우마　자울　카이팔
M كَيْفَ الْجَوُّ الْيَوْمَ؟
오늘 날씨가 어떻습니까?

지딴　라띠:푼　알자우
F الْجَوُّ لَطِيفٌ جِدًّا.
날씨가 매우 화창합니다.

 كَيْفَ الْجَوُّ الْيَوْمَ؟

날씨를 물을 때 쓰는 표현으로 영어의 "How's the weather today?"에서 be 동사만 빠진 형태의 문장이에요. جَوّ [자운](날씨)이 주어이고 كَيْفَ [카이파](어떻게) 의문사가 앞에서 의문문을 만듭니다. الْيَوْمَ [알야우마](오늘)는 시간 부사입니다. 이 문장에서 '오늘'이 목적어가 아니라 시간부사는 보통 목적격으로 표기합니다.

날씨나 오늘이라는 단어에 정관사가 있으므로 앞의 단어와 연음해야 합니다.

카이파 알자우 알야우마?(×) 카이팔자울야우마?(○)

 الْجَوُّ لَطِيفٌ جِدًّا.

جَوّ [자운](날씨)은 주어이고 형용사 لَطِيف [라띠:푼](화창한, 좋은, 상냥한)이 술어인 명사 문입니다. 주어는 한정 주격으로 술어는 비한정 주격으로 표기합니다. 이 문장 역시 be 동사는 없습니다.

형용사가 술어인 문장도 주어와 술어의 성 일치가 매우 중요해요. 날씨가 남성 명사이기 때문에 술어인 형용사도 남성형으로 씁니다. 만약 주어가 여성 명사라면 술어인 형용사도 타마르부타를 붙여 여성으로 만들어 줍니다. جِدًّا [지딴](매우)은 부사예요.

날씨가 좋습니다.	[알자우 자밀:룬] الْجَوُّ جَمِيلٌ.
당신(여)은 아름답습니다.	[안티 자밀:라툰] أَنْتِ جَمِيلَةٌ.
교실은 넓습니다.	[알파쓸루 와:씨운] الْفَصْلُ وَاسِعٌ.
공원이 넓습니다.	[알하디:까투 와:씨아툰] الْحَدِيقَةُ وَاسِعَةٌ.

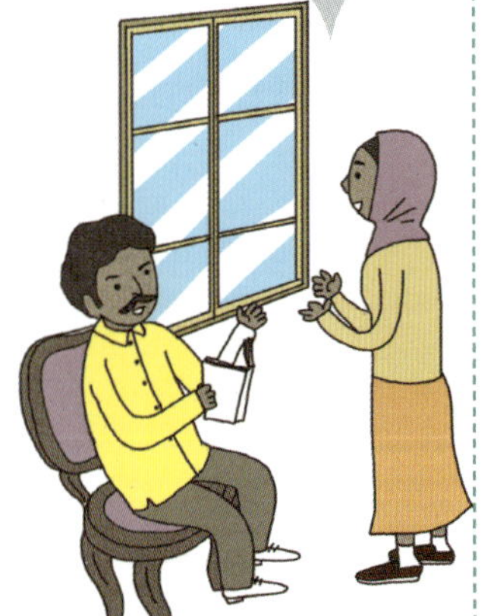

단어

كَيْفَ [카이파] 어떻게?
جَوّ [자운] 날씨
الْيَوْمَ [알야우마] 오늘
يَوْمٌ [야우문] 날, 일, 요일
لَطِيف [라띠:푼] 화창한, 좋은, 상냥한
جِدًّا [지딴] 매우, 너무
جَمِيل [자밀:룬] 아름다운
أَنْتِ [안티] 당신(여성)은
فَصْل [파쓸룬] 교실, 계절
وَاسِعٌ [와:씨운] 넓은
حَدِيقَة [하디:까툰] 공원, 정원

짤막 회화 **02**

피르라비:이　자우　카이팔

M كَيْفَ الْجَوُّ فِي الرَّبِيعِ؟

봄에는 날씨가 어떻습니까?

다:피운　알자우

F اَلْجَوُّ دَافِئٌ.

날씨가 따뜻합니다.

 كَيْفَ الْجَوُّ فِي الرَّبِيعِ؟

전치사 فِي [피] (~안에)와 رَبِيعٌ [라비:운] (봄)이라는 명사가 전치사구를 이루고 문장에서는 부사 역할을 하지요.

 اَلْجَوُّ دَافِئٌ.

دَافِئٌ [다:피운] (따뜻한)은 형용사인데 남성 명사인 جَوّ [알자우] (날씨)가 주어이기 때문에 남성형으로 일치합니다. 이 단어의 마지막 자음이 함자 ء 인데요. ء 는 단어 내의 위치에 따라 받침이 늘 변하고 독립적으로 쓰이기도 합니다. 받침은 발음되지 않으니 함자의 발음 [']와 모음을 결합해 발음하세요.

أُسْتَاذٌ [우스타:둔], سُؤَالٌ [쑤알:룬], أَسْئِلَةٌ [아쓰일라툰], شِتَاءٌ [쉬타:운] 겨울

여름에는 날씨가 덥습니다.　[알자우 하:룬 핏싸이피]　اَلْجَوُّ حَارٌّ فِي الصَّيْفِ.

가을은 화창합니다.　[알카리:푸 라띠:푼]　اَلْخَرِيفُ لَطِيفٌ.

겨울에는 날씨가 춥습니다. [알자우 바:리둔 핏쉬타:이] اَلْجَوُّ بَارِدٌ فِي الشِّتَاءِ.

رَبِيعٌ [라비:운] 봄
صَيْفٌ [싸이푼] 여름
خَرِيفٌ [카리:푼] 가을
شِتَاءٌ [쉬타:운] 겨울
دَافِئٌ [다:피운] 따뜻한
حَارٌّ [하:룬] 더운
لَطِيفٌ [라띠:푼] 화창한, 좋은, 상냥한
بَارِدٌ [바:리둔] 추운
أُسْتَاذٌ [우스타:둔] 교수
سُؤَالٌ [쑤알:룬] 질문
أَسْئِلَةٌ [아쓰일라툰] 질문(복수)

짧막 회화 **03**

무슈미쑨닐야:나   할릴자우

M هَلِ الْجَوُّ مُشْمِسٌ الآنَ؟

지금 날씨가 맑습니까?

뭄띠룬   알자우   라:

F لَا، اَلْجَوُّ مُمْطِرٌ.

아니요, 비가 옵니다.

 هَلِ الْجَوُّ مُشْمِسٌ الآنَ؟

هَلْ [할](~입니까?)은 평서문을 의문문으로 바꿔 주는 의문사입니다. هَلْ 뒤에 정관사가 있기 때문에 연음을 해 줘야 합니다. 하지만 스쿤 상태에서 연음이 힘들기 때문에 발음하기 쉽도록 보조 모음 ——— [i]를 만들어 이어서 발음합니다.

할 알자우 무슈미쑨 알아:나?(×) 할릴자우 무슈미쑨닐아:나?(○)

 لَا، اَلْجَوُّ مُمْطِرٌ.

هَلْ 로 물으면 일반적으로 نَعَمْ(예) 혹은 لَا (아니요)로 답합니다.

* 아랍인들은 '아'를 '에'로 발음하는 경향이 있습니다. 모든 단어를 그렇게 발음하지는 않지만 특히 كَيْفَ [카이파]와 같은 단어는 [케이파]로 발음합니다. 또 단어의 가장 끝 모음을 제대로 발음하지 않고 '쑤쿤'으로 처리해 흘려 발음하는 경우가 대부분입니다. 본 교재는 기초 아랍어 내용을 다루고 있기 때문에 발음은 정석대로 표기했습니다. 참고하시기 바랍니다.

هَلْ [할]
~입니까? ~합니까?
مُشْمِسٌ [무슈미쑨] 화창한,
햇살이 내리쬐는
مُمْطِرٌ [뭄띠룬] 비가 오는

짤막 회화 **04**

후나ː카　자우　카이팔

M كَيْفَ الْجَوُّ هُنَاكَ؟

그곳 날씨가 어떻습니까?

가ː이문　후날자우

F هُنَا الْجَوُّ غَائِمٌ.

여기 날씨는 흐립니다.

هُنَا / هُنَاكَ

부사는 우리말이나 영어와 마찬가지로 문장 어느 자리에 들어가든 무방합니다.

هُنَاكَ [후나ː카] 저기
هُنَا [후나ː] 여기
غَائِمٌ [가ː이문]
　　흐린, 구름 낀

أَحْمَدُ   كَيْفَ الْجَوُّ الْيَوْمَ؟

아흐마두   카이팔   자울   야우마

عَائِشَةُ   اَلْجَوُّ لَطِيفٌ جِدًّا. كَيْفَ الْجَوُّ هُنَاكَ؟

야:이샤투   알자우   라띠:푼   지딴   카이팔자우   후나:카

أَحْمَدُ   هُنَا الْجَوُّ مُمْطِرٌ.

아흐마두   후날자우   뭄띠룬

عَائِشَةُ   كَيْفَ الْجَوُّ فِي الشِّتَاءِ؟

야:이샤투   카이팔자우   핏쉿타:이

أَحْمَدُ   اَلْجَوُّ بَارِدٌ.

아흐마두   알자우   바:리둔

아흐마드　오늘 날씨가 어떻습니까?

아이샤　매우 화창합니다. 거기 날씨는 어떻습니까?

아흐마드　여기는 비가 옵니다.

아이샤　겨울의 날씨는 어떻습니까?

아흐마드　춥습니다.

كَيْفَ [카이파]	어떻게?
جَوٌّ [자운]	날씨
اَلْيَوْمَ [알야우마]	오늘
لَطِيفٌ [라띠:푼]	화창한, 상냥한
مُمْطِرٌ [뭄띠룬]	비가 오는
شِتَاءٌ [쉬타:운]	겨울
بَارِدٌ [바:리둔]	추운

연습 문제

1 다음 중 표현이 옳은 것은?

① اَلسَّيَّارَةُ كَبِيرٌ.　　② اَلْمَكْتَبَةُ بَعِيدٌ.　　③ اَلْجَوُّ لَطِيفَةٌ.

④ اَلدَّفْتَرُ جَدِيدٌ.　　⑤ اَلصُّورَةُ جَمِيلٌ.

2 빈칸에 들어갈 말로 알맞지 않은 것은?

A　كَيْفَ الْجَوُّ الْيَوْمَ؟

B　الْجَوُّ ________.

① جَمِيلٌ　　② مُمْطِرٌ　　③ بَارِدٌ　　④ حَارٌّ　　⑤ وَاسِعٌ

팜 아일랜드

부르즈 알-아랍 بُرْجُ الْعَرَب

대표적인 관광지 및 유적지2

1) 두바이 دُبَي

아랍에미리트 연방의 일곱 개 토후국 중 한 곳이다. 인공 섬 팜 아일랜드와 7성급 호텔로 알려진 배의 돛 모양의 부르즈 알-아랍, 세계 최고층 빌딩 부르즈 알-칼리파가 있다.

부르즈 알-칼리파 بُرْجُ الْخَلِيفَة

2) 카사블랑카 اَلدَّارُ الْبَيْضَاء

동명의 영화로 유명한 카사블랑카는 대서양 연안에 자리 잡은 모로코의 최대 도시이다. 행정 수도는 라바트이지만 관광을 대표하는 도시는 단연 카사블랑카이다. 이 곳에서 제일 유명한 관광지는 바로 하산 2세 사원으로, 해안에 지어져 장관을 선사한다. 성지 메카와 메디나에 있는 사원 다음으로 큰 규모이다.

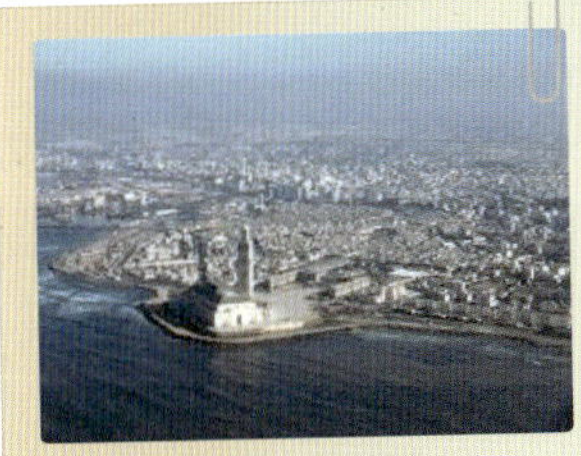
카사블랑카

3) 페스 فَاس

모로코에서 세 번째로 큰 도시이며 세계문화유산에 등재되어 있다. 이 거대한 도시는 9,000여 개가 넘는 골목으로 이루어져 있다. 골목길을 걷다 보면 시장, 학교, 염색장, 목욕탕 등이 끊이지 않고 나타난다. 워낙 구불구불한 미로와 같기 때문에 쉽사리 길을 잃을 수 있고, 소매치기도 가끔 나타나 살짝 겁이 날 수도 있다. 또 길을 걷다 보면 가이드라며 다가오는 호객꾼들이 많아 느긋하게 동네 구경을 못할 수도 있다. 하지만 지역마다 특색이 제각각인 모로코의 도시 중, 페스는 볼거리가 아주 많고 매우 매력적인 관광지이다.

하산 2세 사원

4) 바알벡 بَعْلَبَك

레바논의 베이루트 동북쪽에 위치한 고대 도시 유적이다. 로마제정시대의 아우구스투스 황제가 건축을 시작해서 네로 황제가 완성한 최대 건축물로 엄청난 규모에 압도된다. 아테네 파르테논 신전보다 규모가 더 큰 유피테르 신전이 있다. 현재는 건물 대부분이 부서져 6개의 기둥만 남았지만 바카스 신전은 보존 상태가 양호하다.

염색장

골목길

바카스 신전

바알벡 전경

6

كَيْفَ كَانَ الْجَوُّ أَمْسِ؟

어제 날씨가 어땠습니까?

- 명사문을 과거시제로 바꾸는 كَانَ 동사의 용법 익히기

- 명사문을 미래시제로 바꾸는 سَيَكُونُ

- 명사문을 부정문으로 바꾸는 لَيْسَ 의 용법 익히기

짤막 회화 01

M

암씨　카:날자우 카이파
كَيْفَ كَانَ الْجَوُّ أَمْسِ؟
어제 날씨가 어땠습니까?

F

바:리단 카:날자우
كَانَ الْجَوُّ بَارِدًا.
추웠습니다.

 كَيْفَ كَانَ الْجَوُّ أَمْسِ؟

كَانَ [카:나] (~이다)는 영어의 be 동사와 같은 역할을 하는 조동사로 시제가 현재인 명사문을 과거로 만들 때 쓰는 동사입니다. 아랍어의 동사에는 주어의 성과 인칭이 포함되어 있기 때문에 주어에 맞춰 동사를 변형해야 합니다.

1인칭	2인칭 남성	2인칭 여성	3인칭 남성	3인칭 여성
كُنْتُ	كُنْتَ	كُنْتِ	كَانَ	كَانَتْ
쿤투(I was)	쿤타(You were)	쿤티(You were)	카:나(He was)	카:나트(She was)

동사가 들어가는 문장은 우리말의 어순과 다릅니다. 동사 → 주어 → 목적어 순으로 씁니다. 영어와 비슷하죠.

위의 문장에서 날씨는 사물이고 남성 명사이니 3인칭 남성이지요. 주어에 맞춰 كَانَ 동사를 씁니다.

 كَانَ الْجَوُّ بَارِدًا.

명사나 형용사가 술어인 명사문에서 كَانَ 조동사가 들어가면 술어는 목적격으로 바뀝니다.

الْجَوُّ بَارِدٌ. 날씨가 추웠습니다. ←كَانَ الْجَوُّ بَارِدًا. 날씨가 춥습니다.
أَمِيرَةُ طَالِبَةٌ. 아미라는 학생이었습니다. ←كَانَتْ أَمِيرَةُ طَالِبَةً. 아미라는 학생입니다.

أَمْس [암씨] 어제
أَمِيرَة [아미:라투] 아미라(여성 이름)
طَالِبَة [딸:리바툰] 여학생
بَارِد [바:리둔] 추운

암씨 쿤티 아이나
M أَيْنَ كُنْتِ أَمْسِ؟
당신(여성)은 어제 어디에 있었습니까?

필바이티 쿤투
F كُنْتُ فِي الْبَيْتِ.
나는 집에 있었습니다.

 أَيْنَ كُنْتِ أَمْسِ؟

أَيْنَ 는 의문사 '어디에?'이고 كُنْتِ 는 조동사 كَانَ 의 2인칭 여성형으로 '당신(여성)은 ~이었다.'의 뜻입니다. "당신(여성)는 어제 어디에 있었습니까?"로 해석합니다.
동사에 주어의 특징이 모두 들어갔기 때문에 주어인 أَنْتِ 는 생략합니다.

당신은 어디에 있었습니까? أَيْنَ أَنْتِ؟ ← 당신은 어디에 있습니까? أَيْنَ كُنْتِ؟

كُنْتُ فِي الْبَيْتِ.

كُنْتُ 는 كَانَ 의 1인칭입니다. 주어 أَنَا 는 생략합니다. 그리고 술어가 전치사구인 فِي الْبَيْتِ (집에)입니다. 전치사구가 술어인 명사문은 كَانَ 동사가 있더라도 목적격으로 바뀌지 않습니다.

나는 집에 있었습니다. كُنْتُ فِي الْبَيْتِ. ← 나는 집에 있습니다. أَنَا فِي الْبَيْتِ.
← 무함마드는 학교에 있습니다. مُحَمَّدٌ فِي الْمَدْرَسَةِ.
무함마드는 학교에 있었습니다. كَانَ مُحَمَّدٌ فِي الْمَدْرَسَةِ.

كُنْتِ [쿤티]
　당신(여성)은 ~이었다
أَمْسِ [암씨] 어제
أَنْتِ [안티] 당신(여성)은
بَيْتٌ [바이툰] 집
مَدْرَسَةٌ [미드리써툰] 학교
مُحَمَّدٌ [무함마둔] 무함마드

짤막 회화 03

무슈미쑨닐야:나   할릴자우
M هَلِ الْجَوُّ مُشْمِسٌ الآنَ؟
지금 화창합니까?

갸:이문 알자우   무슈미싼 라이싸   라:
F لاَ، لَيْسَ مُشْمِسًا. اَلْجَوُّ غَائِمٌ.
아니요, 화창하지 않습니다. 흐립니다.

   لاَ، لَيْسَ مُشْمِسًا.

명사문을 부정할 때 لَيْسَ [라이싸] (~이 아니다)가 사용됩니다. لَيْسَ 가 있는 문장의 술어 (명사, 형용사)는 목적격으로 변합니다. 또한 لَيْسَ 도 주어에 따라 형태가 바뀝니다. 이 문장에서 주어 الْجَوُّ (날씨)는 생략되어 있습니다.

1인칭	2인칭 남성	2인칭 여성	3인칭 남성	3인칭 여성
لَسْتُ	لَسْتَ	لَسْتِ	لَيْسَ	لَيْسَتْ
라쓰투	라쓰타	라쓰티	라이싸	라이싸트

시험은 어렵지 않습니다. اَلْاِمْتَحَانُ صَعْبٌ. ← 시험은 어렵습니다.   لَيْسَ الْاِمْتَحَانُ صَعْبًا.
자동차가 크지 않습니다. السَّيَّارَةُ كَبِيرَةٌ. ← 자동차가 큽니다.   لَيْسَتِ السَّيَّارَةُ كَبِيرَةً.
(원래 لَيْسَتْ 이지만 뒤따르는 알리프 ا 와 연음하기 위해 보조 모음이 생겨 لَيْسَتِ 로 변합니다.)

당신(여)은 아름답지 않습니다. أَنْتِ جَمِيلَةٌ. ← 당신(여)은 아름답습니다.   لَسْتِ جَمِيلَةً.
(أَنْتِ 는 이미 لَسْتِ 에 포함되어 있기 때문에 생략합니다.)
카말은 학생이 아닙니다. كَمَالٌ طَالِبٌ. ← 카말은 학생입니다.   لَيْسَ كَمَالٌ طَالِبًا.

مُشْمِسٌ [무슈미쑨] 화창한, 해가 나는
الآنَ [알아:나] 지금
غَائِمٌ [가:이문] 흐린, 구름 낀
اِمْتَحَانٌ [임티하:눈] 시험
صَعْبٌ [싸으분] 어려운
سَيَّارَةٌ [사야:라툰] 자동차
كَبِيرَةٌ [카비:라툰] 큰(여성)
جَمِيلَةٌ [자밀:라툰] 아름다운(여성)
كَمَالٌ [카말:룬] 카말(남성 이름)
طَالِبٌ [딸:리분] 학생

짤막 회화 **04**

M

카이파　싸야쿠:눌자우　가단

كَيْفَ سَيَكُونُ الْجَوُّ غَدًا؟

내일 날씨가 어떨까요?

F

싸야쿠:눌자우　다:피안

سَيَكُونُ الْجَوُّ دَافِئًا.

따뜻할 것입니다.

سَيَكُونُ الْجَوُّ دَافِئًا.

كَانَ를 기억하시죠? 명사문을 과거로 만드는 조동사죠. سَيَكُونُ는 كَانَ의 미래형 동사입니다. 그렇다면 سَيَكُونُ의 역할은 명사문을 미래로 만드는 것이겠죠?.

كَانَ의 현재형은 يَكُونُ이고 그 앞에 سَـ만 붙여 넣으면 미래가 됩니다.

كَانَ ← يَكُونُ ← سَيَكُونُ

이 역시 كَانَ 동사이기 때문에 명사나 형용사가 술어일 때 술어는 목적격으로 변합니다.

현재형 동사 변형은 뒤에서 자세히 설명하겠습니다.

날씨가 추울 것입니다. سَيَكُونُ الْجَوُّ بَارِدًا.

날씨가 더울 것입니다. سَيَكُونُ الْجَوُّ حَارًّا.

غَدًا [가단] 내일
دَافِئٌ [다:피운] 따뜻한
بَارِدٌ [바:리둔] 추운
حَارٌّ [하:룬] 더운

실전 회화

خَالِدٌ   كَيْفَ كَانَ الْجَوُّ أَمْسِ؟

카이파   캬:날자우   암씨

مَرْيَمُ   كَانَ الْجَوُّ بَارِدًا.

캬:날자우   뱌:리단

خَالِدٌ   أَيْنَ كُنْتَ أَمْسِ؟

아이나 쿤타 암씨

مَرْيَمُ   كُنْتُ فِي الْبَيْتِ.

쿤투   필바이티

خَالِدٌ   هَلِ الْجَوُّ مُشْمِسٌ الْآنَ؟

할릴자우   무슈미쑨알아:나

مَرْيَمُ   لَا، لَيْسَ مُشْمِسًا. اَلْجَوُّ غَائِمٌ.

라 라이싸 무슈미싼   알자우 갸:이문

خَالِدٌ   كَيْفَ سَيَكُونُ الْجَوُّ غَدًا؟

카이파   싸야쿠:눌자우   가단

مَرْيَمُ   سَيَكُونُ الْجَوُّ دَافِئًا.

싸야쿠:눌자우   다:피안

칼리드　어제 날씨가 어땠습니까?

마르얌　추웠습니다.

칼리드　당신은 어제 어디에 있었습니까?

마르얌　나는 집에 있었습니다.

칼리드　지금은 화창합니까?

마르얌　아니요, 화창하지 않습니다. 흐립니다.

칼리드　내일 날씨는 어떻습니까?

마르얌　내일은 따뜻할 겁니다.

كَانَ [카:나]	~이었다(3인칭남성)	
أَمْس [암씨]	어제	
أَيْنَ [아이나]	어디에?	
بَيْتٌ [바이툰]	집	
مُشْمِسٌ [무슈미쑨]	해가 나는	
الآنَ [알아:나]	지금	
غَائِمٌ [가:이문]	흐린	
سَيَكُونُ [싸야쿠:누]	~일 것이다(3인칭남성)	
غَدًا [가단]	내일	
دَافِئٌ [다:피운]	따뜻한	

연습 문제

1 빈칸에 들어갈 말로 알맞은 것은?

> A   كَيْفَ كَانَ الْجَوُّ أَمْسِ؟
>
> B   كَانَ الْجَوُّ ________ .

① حَارٌ   ② حَارًا   ③ حَارٍ   ④ حَارَّةٌ   ⑤ حَارَّةً

2 빈칸에 들어갈 말로 알맞은 것은?

> A   أَيْنَ ________ أَمْسِ؟
>
> B   كُنْتُ فِي الْمَدْرَسَةِ.

① كَانَ   ② كَانَتْ   ③ كُنْتَ   ④ كُنْتُ   ⑤ كُنَّا

3 빈칸에 들어갈 말로 알맞은 것은?

> A   كَيْفَ ________ الْجَوُّ غَدًا؟
>
> B   ________ الْجَوُّ دَافِئًا.

① سَيَكُونُ   ② كَانَ   ③ سَتَكُونُ   ④ كَانَتْ   ⑤ أَكُونُ

4 빈칸에 들어갈 말로 알맞은 것은?

> A   هَلِ الْاِمْتِحَانُ صَعْبٌ؟
>
> B   لَا، الْاِمْتِحَانُ لَيْسَ ________ .

① صَعْبٌ   ② صَعْبٍ   ③ صَعْبًا   ④ صَعْبَةٌ   ⑤ صَعْبَةً

아랍 서체 اَلْخَطُّ الْعَرَبِيُّ

이슬람은 사람의 얼굴을 그림이나 조형물로 표현하는 것을 금했다. 그리하여 이슬람 세계에서는 기하학적인 문양과 서체로 사원이나 비문 등을 장식했다. 기하학적인 문양을 우리는 아라베스크 문양이라고도 말하며 이 문양은 우리나라에도 전래되어 도자기 문양에 영향을 주기도 했다.

아래는 아랍 서체의 종류이다

쿠파체 اَلْخَطُّ الْكُوفِيُّ

사원, 건축물 벽면, 도자기, 세공품 표면을
장식하는 데 많이 사용된다.

나스크체 خَطُّ النَّسْخِ

신문, 잡지, 책에 흔히 사용되는 서체이다.

쑬루쓰체 خَطُّ الثُّلُثِ

고대로부터 말의 강모 세 가닥을 이용한 데서
유래한다.

루끄아체 خَطُّ الرُّقْعَةِ

나스크체로 필기할 때 빨리 쓰기 위해
간편화된 서체이다.

디완체 اَلْخَطُّ الدِّيوَانِيُّ

오스만 제국에서 발달되어 궁전과 공문서에서
사용된 서체이다.

페르시아체 اَلْخَطُّ الْفَارِسِيُّ

아랍 문자를 차용한 페르시아어에서
유래한 서체이다.

هَلْ عِنْدَك مَوْعِدٌ الْيَوْمَ؟

당신은 오늘 약속이 있습니까?

- '~을 가지고 있다' 전치사 عِنْدَ 의 용법

- 호격사 يا

- 의문사 مَتَى 를 이용한 의문문

- 다양한 관용 표현 익히기

M يَا كَرِيمَةُ، عِنْدِي سُؤَالٌ.

카리마, 질문이 있습니다.

F تَفَضَّلْ.

하세요.

 يَا كَرِيمَةُ

호격사 يَا 는 우리말의 '~야'와 비슷합니다. 우리는 친구나 손아래 사람을 부를 때 쓰지만 아랍어는 구분 없이 이름, 직책 앞에 씁니다.

يَا 뒤에는 이름이나 직책이 탄윈 없는 주격으로 쓰입니다.

يَا أُسْتَاذُ! 선생님!

يَا مُحَمَّدُ! 무함마드!

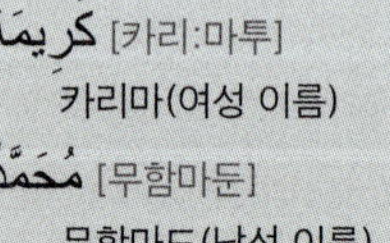

يَا [야:] 호격사

كَرِيمَةُ [카리:마투]
카리마(여성 이름)

مُحَمَّدٌ [무함마둔]
무함마드(남성 이름)

أُسْتَاذُ [우스타:둔] 교수

سُؤَالٌ [쑤알:룬] 질문

طَائِرَةٌ [따:이라툰] 비행기

صُدَاعٌ [쑤다:운] 두통

عِنْدِي سُؤَالٌ.

عِنْدَ 는 '~에게 ~이 있습니다'를 표현할 때 쓰입니다. عِنْدَ 뒤에 접미 대명사를 연결하고 소유한 사물을 비한정 주격으로 씁니다.

عِنْدَ + ـِي + سُؤَالٌ ← عِنْدِي سُؤَالٌ. 나에게 질문이 있습니다.

عِنْدَ + كَ + طَائِرَةٌ ← عِنْدَكَ طَائِرَةٌ. 당신(남)에게 비행기가 있습니다.

عِنْدَ + هُ + صُدَاعٌ ← عِنْدَهُ صُدَاعٌ. 그에게는 두통이 있습니다.

تَفَضَّلْ.

식사를 권할 때, 물건을 건넬 때, 승낙할 때 '~하세요'라는 뜻을 나타내는 권유의 표현입니다.

여성에게 말할 때는 تَفَضَّلِي 라고 합니다.

M هَلْ عِنْدَكِ مَوْعِدٌ الْيَوْمَ؟

당신은 오늘 약속이 있습니까?

F نَعَمْ، عِنْدِي مَوْعِدٌ مَعَ صَدِيقَتِي.

네, 친구와 약속이 있습니다.

 عِنْدَكِ مَوْعِدٌ.

عِنْدَ 는 '~에게 속한'이라는 뜻의 전치사이고 كِ 는 '당신의'라는 뜻이지요. 두 단어가 전치사구를 이루며 '당신에게는 있다'로 해석합니다.

صَدِيقَتِي

صَدِيقَةٌ (여자)친구와 접미 대명사 ـِي 가 연결된 단어로 '나의 여자 친구'입니다.

앞에서 접미 인칭 대명사를 배웠습니다. 소유의 의미를 가지며 명사 뒤에 연결되는 대명사이죠. 이 접미 인칭 대명사가 ة (타 마르부타)로 끝나는 단어 뒤에 연결되면 그 단어의 모양이 달라집니다. 묶인 타인 타마르부타 ة 가 일반 타 ت 로 변하고 접미 인칭 대명사를 연결합니다.

나의 종이 وَرَقَتِي ← ـِي ← وَرَقَتْ ← ـِي + وَرَقَةٌ

당신(남)의 공 كُرَتُكَ ← كَ ← كُرَتْ ← كَ + كُرَةٌ

당신(여)의 학교 مَدْرَسَتُكِ ← كِ ← مَدْرَسَتْ ← كِ + مَدْرَسَةٌ

그의 자동차 سَيَّارَتُهُ ← هُ ← سَيَّارَتْ ← هُ + سَيَّارَةٌ

그녀의 가방 حَقِيبَتُهَا ← هَا ← حَقِيبَتْ ← هَا + حَقِيبَةٌ

عِنْدَكِ [인다키]
  당신(여성)에게는 있다

مَوْعِدٌ [마우이둔] 약속

صَدِيقَتِي [싸디:까티:]
  나의 여자 친구

صَدِيقَةٌ [싸디:까툰]
  친구(여성)

وَرَقَةٌ [와라까툰] 종이

كُرَةٌ [쿠라툰] 공

سَيَّارَةٌ [싸야:라툰] 자동차

حَقِيبَةٌ [하끼:바툰] 가방

M مَتَى الْمَوْعِدُ؟
약속이 언제입니까?

F فِي الْمَسَاءِ، إِنْ شَاءَ الله.
저녁예요.

مَتَى الْمَوْعِدُ؟

مَتَى[마타:]는 '언제?'의 뜻으로 시간을 묻는 의문사입니다. 그 뒤에 명사가 올 때 한정 주격으로 씁니다.

إِنْ شَاءَ الله

인샤알라는 직역하면 '신이 원하신다면'이라는 뜻으로 약속의 실현에 대한 긍정적인 표현으로 쓰입니다.

미래에 있을 일에 대해 확인하거나 기대할 때 쓰는 매우 유용한 표현입니다.

A مَتَى الْاِمْتَحَانُ؟ 시험이 언제입니까?
B غَدًا، إِنْ شَاءَ الله. 내일입니다, 인샤알라.

مَتَى [마타:] 언제
مَوْعِدٌ [마우이둔] 약속
مَسَاءٌ [마싸:운] 저녁
اِمْتَحَانٌ [임티하:눈] 시험
غَدًا [가단] 내일

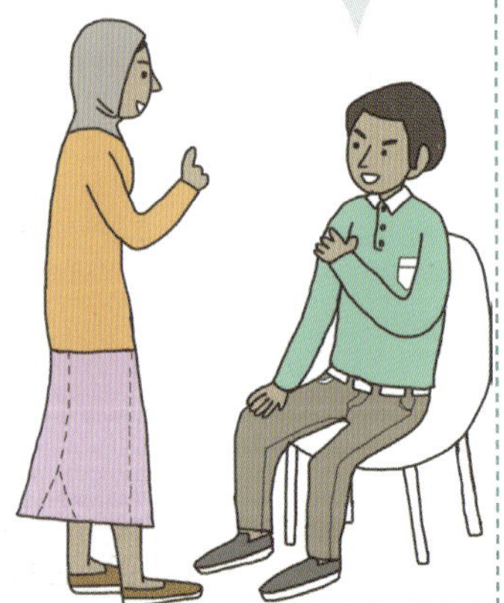

짤막 회화 **04**

F يَا مُحَمَّدُ، هَلْ عِنْدَكَ مَوْعِدٌ؟

무함마드, 당신은 약속이 있습니까?

M لَا، لَيْسَ عِنْدِي مَوْعِدٌ.

아니요, 저는 약속이 없습니다.

 لَا، لَيْسَ عِنْدِي مَوْعِدٌ.

لَيْسَ 는 명사문을 부정할 때 쓰는 단어죠. عِنْدِي مَوْعِدٌ (약속이 있습니다)과 같은 단어 앞에 쓰면 '~가 있지 않다'로 해석합니다.

저는 친구가 없습니다.　لَيْسَ عِنْدِي صَدِيقٌ.

저는 자동차가 없습니다.　لَيْسَ عِنْدِي سَيَّارَةٌ.

저는 시간이 없습니다.　لَيْسَ عِنْدِي وَقْتٌ.

صَدِيقٌ [싸디:꾼] 친구
سَيَّارَةٌ [싸야:라툰] 자동차
وَقْتٌ [와끄툰] 시간

مُحَمَّدٌ   يَا كَرِيمَةُ، عِنْدِي سُؤَالٌ.

كَرِيمَةُ   تَفَضَّلْ.

مُحَمَّدٌ   هَلْ عِنْدَكِ مَوْعِدٌ الْيَوْمَ؟

كَرِيمَةُ   نَعَمْ، عِنْدِي مَوْعِدٌ مَعَ صَدِيقَتِي.

مُحَمَّدٌ   مَتَى الْمَوْعِدُ؟

كَرِيمَةُ   فِي الْمَسَاءِ، إِنْ شَاءَ اللهُ، هَلْ عِنْدَكَ مَوْعِدٌ يَا مُحَمَّدُ؟

مُحَمَّدٌ   لَا، لَيْسَ عِنْدِي مَوْعِدٌ.

무함마드	카리마, 질문이 있습니다.
카리마	하세요.
무함마드	오늘 약속이 있습니까?
카리마	네, 친구와 약속이 있어요.
무함마드	약속이 언제입니까?
카리마	저녁에요, 인샤알라. 무함마드 당신은 약속이 있습니까?
무함마드	아니요, 약속 없습니다.

كَرِيمَة	카리마 (여성이름)
عِنْدِي	나에게는 ~이 있다
تَفَضَّلْ	~하세요
عِنْدَكَ	당신에게는 ~이 있다
مَوْعِدٌ	약속
مَتَى	언제?
فِي	~에
مَسَاءٌ	저녁
لَيْسَ	~이 아니다

연습 문제

1 빈칸에 들어갈 말로 알맞은 것은?

> A يَا أُسْتَاذُ، عِنْدِي سُؤَالٌ.
>
> B ـــــــــــــ.

① فِكْرَةٌ جَمِيلَةٌ   ② إِنْ شَاءَ اللهُ   ③ مَا هَذَا
④ مَنْ هُوَ   ⑤ تَفَضَّلْ

2 빈칸에 들어갈 말로 알맞은 것은?

> A هَلْ عِنْدَكَ قَلَمٌ؟
>
> B نَعَمْ، ـــــــــــ قَلَمٌ.

① عِنْدِي   ② عِنْدَكَ   ③ عِنْدَكِ   ④ عِنْدَهُ   ⑤ عِنْدَهَا

3 빈칸에 들어갈 말로 알맞은 것은?

> A مَتَى الْاِمْتِحَانُ؟
>
> B غَدًا، ـــــــــــ.

① عِنْدِي سُؤَالٌ   ② تَفَضَّلْ   ③ إِنْ شَاءَ اللهُ
④ لَيْسَ عِنْدِي   ⑤ لَوْ سَمَحْتَ

4 빈칸에 들어갈 말로 알맞은 것은?

> A مَتَى الْمَوْعِدُ يَا ـــــــــــ؟
>
> B فِي الْمَسَاءِ.

① حَامِدٌ   ② حَامِدُ   ③ حَامِدَ   ④ حَامِدِ   ⑤ حَامِدٍ

위치	아라비아 반도 북동부
공식 명칭	이라크 공화국
수도	바그다드
면적	약 44만㎢
인구	약 3,040만 명(2011)
민족 구성	아랍 인 75%, 쿠르드 인 15~20%, 터키 인 5~10%, 아시리아 인
종교	이슬람 97%, 기타 3%
언어	아랍어
정치 체제	의원내각제
화폐 단위	이라크 디나르(IQD)
기후	사막성 건조 기후
건국일	1932년 10월 3일
GDP	약 822억 달러(2010)
1인당 GDP	2,563달러(2010)
주요 자원	원유(세계 3위)

أَيْنَ الْمَتْحَفُ الْوَطَنِيُّ؟

박물관이 어디에 있습니까?

- 의문사 أَيْنَ 를 이용한 장소 위치 묻기

- 길 안내하기

- 감사 인사 익히기

짤막 회화 **01**

F لَوْ سَمَحْتَ، أَيْنَ الْمَتْحَفُ الْوَطَنِيُّ؟

실례합니다. 국립 박물관이 어디에 있습니까?

M اَلْمَتْحَفُ الْوَطَنِيُّ أَمَامَ مَكْتَبِ الْبَرِيدِ.

국립 박물관은 우체국 앞에 있습니다.

 لَوْ سَمَحْتَ

'실례합니다'의 뜻으로 길 묻기 전 등 양해를 구할 때 쓰이는 매우 유용한 표현입니다. 여자에게는 لَوْ سَمَحْتِ 로 말합니다.

관계형용사

명사 뒤에 ـيّ 을 연결해 명사와 관련한 형용사로 만듭니다.

Korea + n = Korean, Japan + ese = Japanese 와 비슷합니다. 오히려 아랍어는 ـيّ 을 공통으로 붙이기 때문에 더 쉽습니다. 정관사가 있거나 타마르부타, 알리프가 있는 단어는 이 모두를 떼고 ـيّ 을 연결하면 됩니다.

국립 박물관 وَطَنٌ + ـيّ ← وَطَنِيٌّ ← مَتْحَفٌ وَطَنِيٌّ 국가의, 국립의

중국 여학생 اَلصِّينُ + ـيّ ← صِينِيٌّ ← طَالِبَةٌ صِينِيَّةٌ 중국의, 중국인

대학생 جَامِعَةٌ + ـيّ ← جَامِعِيٌّ ← طَالِبٌ جَامِعِيٌّ 대학의

한국어 كُورِيَا + ـيّ ← كُورِيٌّ ← اَللُّغَةُ الْكُورِيَّةُ 한국의, 한국인

مَتْحَفٌ 박물관

وَطَنِيٌّ 국립의

لَوْ 만일~이라면

سَمَحْتَ 당신(남)이 허락하다

أَيْنَ 어디에?

أَمَامَ ~앞에

مَكْتَبٌ 책상, 사무실

بَرِيدٌ 우편물

مَكْتَبُ الْبَرِيدِ 우체국

짤막 회화 **02**

F هَلِ الْمَتْحَفُ الْوَطَنِيُّ قَرِيبٌ مِنْ هُنَا؟

국립 박물관은 여기에서 가깝습니까?

M لَا، هُوَ بَعِيدٌ عَنْ هُنَا.

아니요, 여기에서 멉니다.

 هَلِ الْمَتْحَفُ الْوَطَنِيُّ قَرِيبٌ مِنْ هُنَا؟

의문사 هَلْ 뒤에 알리프가 있기 때문에 연음하기 위해 هَلِ 로 바뀝니다. 또 قَرِيبٌ(가까운) 은 '~에서 가까운'으로 표현할 때는 전치사 مِنْ '~로부터'를 씁니다. هُنَا 는 부사이므로 전치사 뒤에 나와도 소유격으로 변하지 않는 불변사입니다.

할 알마트하푸 알와따니유 까리:분 민 후나?(×) 할릴마트하풀와따니유 까리:분 민 후나?(○)

 هُوَ بَعِيدٌ عَنْ هُنَا.

아랍어는 대화나 문장에 이미 나온 단어를 반복하지 않고 대명사로 받아 줍니다. 이 문장 에서 هُوَ 는 3인칭 남성 인칭 대명사이지요. 하지만 사람이 아니라 앞 문장의 주어 الْمَتْحَفُ الْوَطَنِيُّ(국립 박물관 - 사물, 3인칭)을 받아 '그것'으로 해석합니다.
بَعِيدٌ((거리가) 먼)은 '~에서 먼'으로 표현할 때 전치사 عَنْ(~대하여)과 함께 숙어로 씁 니다.

A هَلِ الْمَدْرَسَةُ بَعِيدَةٌ عَنْ هُنَا؟   학교가 여기에서 멉니까?
B لَا، هِيَ قَرِيبَةٌ مِنْ هُنَا.   아니요, 그것은 여기에서 가깝습니다.

مَتْحَفٌ وَطَنِيٌّ	국립 박물관
قَرِيبٌ	가까운
مِنْ	~로부터
هُنَا	여기
بَعِيدٌ	(거리가) 먼
عَنْ	~대하여
هِيَ	그녀는

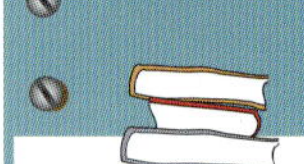

أَيْنَ مَحَطَّةُ الْأُوتُوبِيس؟ **F**

버스 정류장은 어디에 있습니까?

هِيَ قَرِيبَةٌ. اِمْشِي إِلَى الْأَمَامِ قَلِيلاً. **M**

그것은 가깝습니다. 앞으로 조금 걸어가세요.

 أَيْنَ مَحَطَّةُ الْأُوتُوبِيس؟

اِمْشِ	걸어가라
إِلَى	~로
أَمَامٌ	앞, 앞부분
قَلِيلاً	조금
قَرِيبَةٌ	가까운(여)
إِلَى	~로

مَحَطَّةُ الْأُوتُوبِيس 는 مَحَطَّةٌ 역, 정거장과 أُوتُوبِيس(버스)가 연결된 명사 연결형 단어로 '버스 정류장'입니다. 명사 연결형의 앞 명사는 늘 한정 상태(탄윈 떨어짐)이고 뒷 명사는 늘 소유격이어야 합니다. 하지만 이 단어에서 버스는 외래어이기 때문에 격모음을 표기하지 않습니다.

 هِيَ قَرِيبَةٌ.

هِيَ 는 앞 문장의 مَحَطَّةُ الْأُوتُوبِيس를 받는 대명사로 그녀가 아니라 '그것'으로 해석합니다. 명사 연결형 단어의 성을 결정하는 것은 앞 단어임을 기억하세요.

 اِمْشِ إِلَى الْأَمَامِ.

اِمْشِ 는 '걸어라'라는 뜻의 명령형 동사입니다. 여성에게는 اِمْشِي 라고 말합니다.

قَلِيلاً

일부 명사나 형용사 단어에 목적격을 취하면 부사가 됩니다. 영어의 형용사에 ly를 붙여 부사로 만들어주는 것과 비슷합니다.

قَلِيلٌ 적은 → قَلِيلاً 조금

كَثِيرٌ 많은 → كَثِيرًا 많이, 무척

짤막 회화 **04**

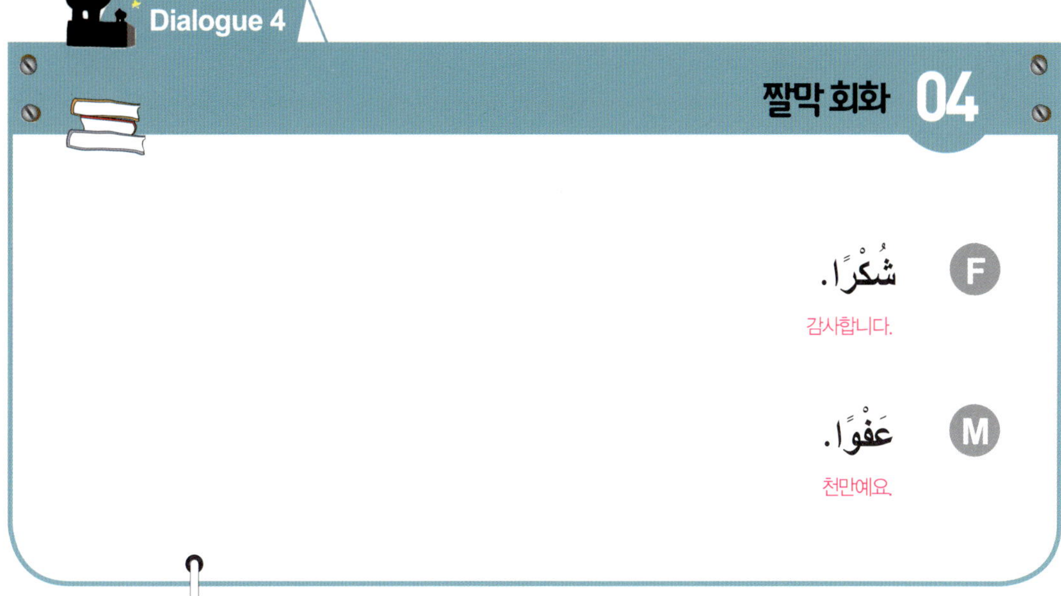

F شُكْرًا.
감사합니다.

M عَفْوًا.
천만예요.

شُكْرًا.

'감사합니다.'라는 뜻으로 꼭 기억해야 할 표현입니다.
'매우 감사합니다.'란 표현으로는 شُكْرًا جَزِيلاً 와 أَلْف شُكْرٍ 이 있습니다.

عَفْوًا.

شُكْرًا 의 답으로 뜻은 '천만에요'입니다. 이 표현은 앞에서 배운 لَوْ سَمَحْتَ(실례합니다)와 같이 양해를 구할 때도 쓰입니다.

حَسَنٌ   لَوْ سَمَحْتِ، أَيْنَ الْمَتْحَفُ الْوَطَنِيُّ؟

فَاطِمَةُ   اَلْمَتْحَفُ الْوَطَنِيُّ أَمَامَ مَكْتَبِ الْبَرِيدِ.

حَسَنٌ   هَلِ الْمَتْحَفُ الْوَطَنِيُّ قَرِيبٌ مِنْ هُنَا؟

فَاطِمَةُ   لَا، هُوَ بَعِيدٌ عَنْ هُنَا.

حَسَنٌ   أَيْنَ مَحَطَّةُ الْأُوتُوبِيس؟

فَاطِمَةُ   هِيَ قَرِيبَةٌ. اِمْشِ إِلَى الْأَمَامِ قَلِيلاً.

حَسَنٌ   شُكْرًا.

فَاطِمَةُ   عَفْوًا.

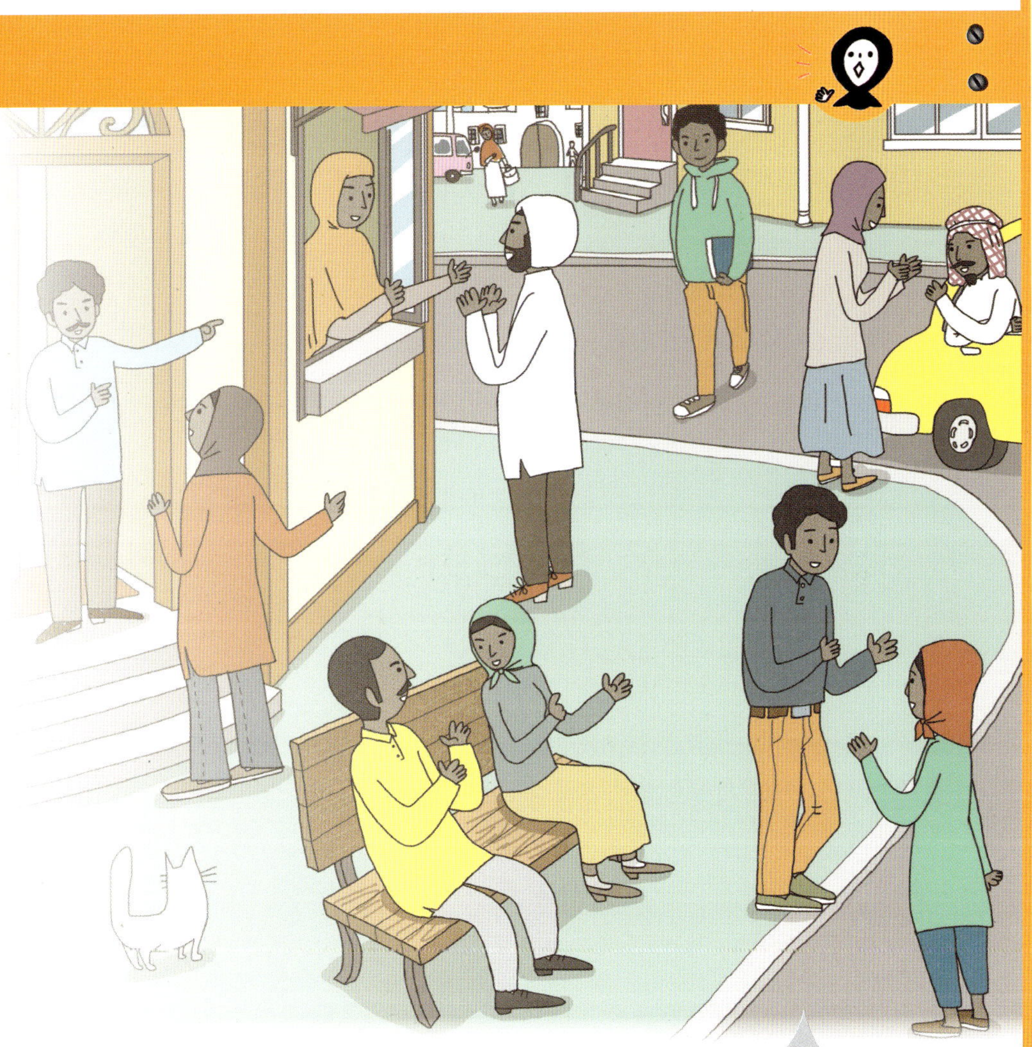

하싼	실례합니다. 국립 박물관이 어디에 있습니까?
파티마	국립 박물관은 우체국 앞에 있습니다.
하싼	국립 박물관은 여기에서 가깝습니까?
파티마	아니요, 여기에서 멉니다.
하싼	버스 정류장은 어디에 있습니까?
파티마	버스 정류장은 가까워요. 앞으로 조금만 가세요.
하싼	고맙습니다.
파티마	천만에요.

لَوْ سَمَحْتَ	실례합니다
الْمَتْحَفُ الْوَطَنِيُّ	국립박물관
أَمَامَ	~앞에
مَكْتَبُ الْبَرِيد	우체국
قَرِيبٌ مِنْ	~에서 가까운
بَعِيدٌ عَنْ	~에서 먼
هُنَا	여기
مَحَطَّة	역, 정거장
أُوتُوبِيس	버스
اِمْشِ	가세요
قَلِيلًا	조금

연습 문제

1 빈칸에 들어갈 말로 알맞은 것은?

> A ________، أَيْنَ الْبَنْكُ؟
>
> B هُوَ أَمَامَ الْجَامِعَةِ.

① لَوْ سَمَحْتَ   ② مِنْ أَيْنَ أَنْتَ   ③ مَرْحَبًا   ④ صَبَاحَ الْخَيْرِ   ⑤ قَلِيلاً

2 대화의 상황으로 알맞은 것은?

> A شُكْرًا جَزِيلاً.
>
> B عَفْوًا.

① 축하할 때   ② 헤어질 때   ③ 충고할 때   ④ 감사할 때   ⑤ 위로할 때

3 밑줄 친 단어의 설명으로 알맞은 것은?

> A أَيْنَ مَحَطَّةُ الْأُوتُوبِيس؟
>
> B امْشِ إِلَى الْأَمَامِ.

① 안부 묻기   ② 명령하기   ③ 사과하기   ④ 축하하기   ⑤ 양해 구하기

4 빈칸에 들어갈 말로 알맞은 것은?

> A هَلِ الْبَنْكُ ____Ⓐ____ مِنْ هُنَا؟
>
> B لَا، هُوَ ____Ⓑ____ عَنْ هُنَا.

	Ⓐ	Ⓑ
①	قَرِيبٌ	قَرِيبٌ
②	قَرِيبٌ	بَعِيدٌ
③	بَعِيدٌ	بَعِيدٌ
④	بَعِيدٌ	قَرِيبٌ
⑤	بَعِيدَةٌ	قَرِيبَةٌ

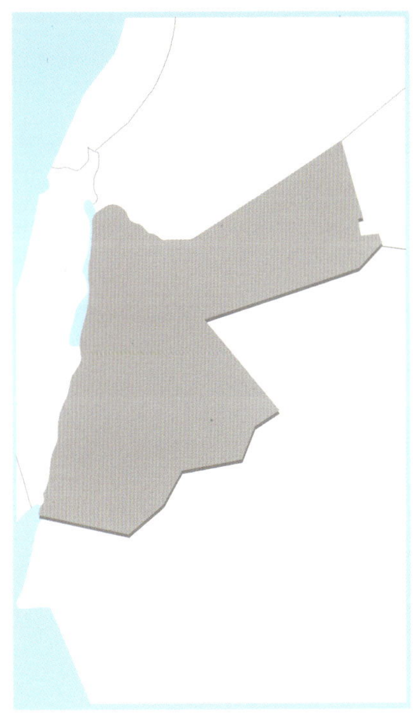

위치	아라비아 반도 북부
공식 명칭	요르단 왕국
수도	암만
면적	89,342㎢
인구	약 641만 명(2010)
민족 구성	아랍 인 98%(요르단 인 31%, 팔레스타인 인 60%, 외국인 7%), 기타 2%
종교	이슬람 90%, 기독교 9%, 기타 1%
언어	아랍어(영어도 통용)
정치 체제	입헌군주제
화폐 단위	요르단 디나르(JOD)
기후	서안 : 지중해성 기후 동안 : 건조
건국일	1946년 5월 25일
GDP	약 275억 달러(2010)

مَاذَا تَفْعَلُ؟

당신은 무엇을 하고 있습니까?

- 완료형과 미완료형 동사 활용 익히기
- 다양한 의문사와 동사를 이용해 일상 표현하기

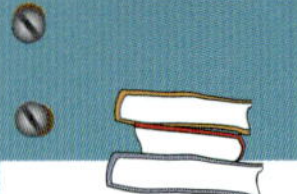

F مَاذَا تَدْرُسُ فِي الْجَامِعَةِ؟

당신은 대학에서 무엇을 공부합니까?

M أَدْرُسُ اللُّغَةَ الْكُورِيَّةَ.

나는 한국어를 공부합니다.

동사 활용

아랍어 동사는 대부분 3개의 어근으로 이루어져 있습니다. 기본 동사는 과거 시제인 완료형 동사입니다. 완료형 동사를 기본으로 시제나 주어에 따라 여러 형태로 변합니다. 이 원형 동사의 주어는 3인칭 남성입니다.

활용 형태는 모든 동사에 공통으로 적용되기 때문에 공식 하나만 숙지하면 됩니다.

과거 시제인 완료형 동사는 원형 동사 뒤에 각기 모음이 다른 تـ를 붙여 변형합니다.

أَنَا	أَنْتِ	أَنْتَ	هِيَ	هُوَ
دَرَسْتُ	دَرَسْتِ	دَرَسْتَ	دَرَسَتْ	دَرَسَ
나는 공부했다	당신(여)은 공부했다	당신(남)은 공부했다	그녀는 공부했다	그는 공부했다

현재 시제인 미완료형은 원형 동사 앞에 특징 알파벳을 붙여 변형합니다. 어근 첫 자음의 모음은 ―, 두번째 자음의 모음은 단어마다 달라지는 특징 모음이 표기됩니다. 마지막 자음의 모음은 대부분 ― 입니다. 3인칭 여성과 2인칭 남성은 같고 2인칭 여성은 ـِينَ 가 붙습니다. 아래 단어와 비교해보세요.

أَنَا	أَنْتِ	أَنْتَ	هِيَ	هُوَ
أَدْرُسُ	تَدْرُسِينَ	تَدْرُسُ	تَدْرُسُ	يَدْرُسُ
나는 공부한다	당신(여)은 공부한다	당신(남)은 공부한다	그녀는 공부한다	그는 공부한다

동사문의 어순

동사 → 주어 → 목적어 순이지만 주어와 동사는 간혹 자리를 바꿔 쓰기도 합니다.

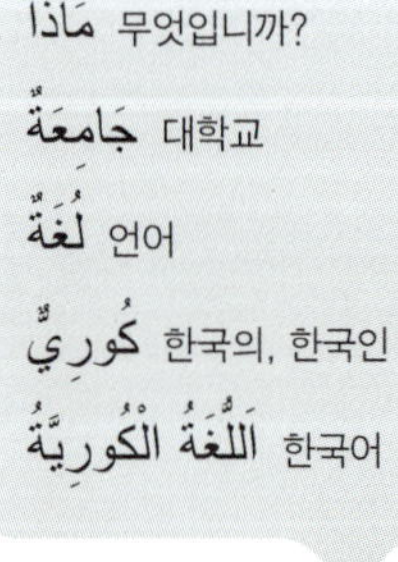

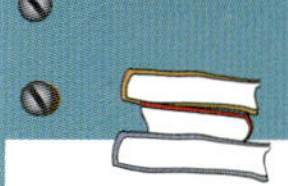

짤막 회화 **02**

F كَيْفَ تَذْهَبُ إِلَى الْجَامِعَةِ؟

대학교에 어떻게 갑니까?

M أَذْهَبُ إِلَيْهَا بِالْأُوتُوبِيسِ.

나는 버스를 타고 갑니다.

 كَيْفَ تَذْهَبُ إِلَى الْجَامِعَةِ؟

ذَهَبَ는 '가다'라는 뜻의 동사로 '~로 간다'로 표현할 때는 전치사 إِلَى(~로)를 씁니다.

가다	هُوَ	هِيَ	أَنْتِ	أَنْتَ	أَنَا
완료형(과거)	ذَهَبَ	ذَهَبَتْ	ذَهَبْتِ	ذَهَبْتَ	ذَهَبْتُ
미완료형(현재)	يَذْهَبُ	تَذْهَبُ	تَذْهَبِينَ	تَذْهَبُ	أَذْهَبُ

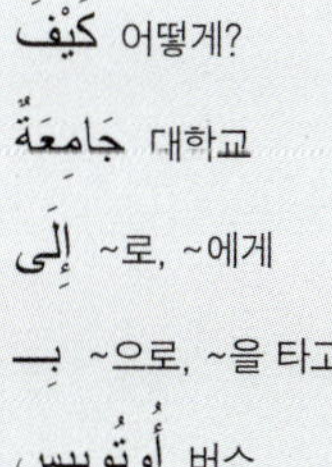 أَذْهَبُ إِلَيْهَا بِالْأُوتُوبِيسِ.

أَذْهَبُ는 ذَهَبَ '가다'의 1인칭 미완료 동사입니다.

إِلَيْهَا는 전치사 إِلَى와 접미 대명사 هَا 가 연결된 형태입니다. 알리프막쑤라 ى 로 끝나는 전치사 뒤에 접미 대명사가 연결되면 يْ로 변합니다. هَا 는 앞 문장의 الْجَامِعَة(대학교)를 받은 대명사입니다. 대학교가 사물 여성 명사이며 전치사 뒤에 있는 소유격이기 때문에 대명사도 소유격인 접미 인칭 대명사로 써야합니다.

إِلَى + كَ ← إِلَيْكَ / كَ + إِلَيْ ← إِلَى + كَ ← عَلَيْهَا ← هَا + عَلَيْ ← عَلَى + هَا ← عَلَيْهَا

بِالْأُوتُوبِيسِ는 '버스로'라는 뜻으로 전치사 بِ 는 다양한 뜻을 가지고 있지만 교통수단 앞에 쓰이면 '~을 타고'로 해석합니다. 단음절 전치사이니 뒤따르는 단어와 철자를 연결해야 합니다.

A كَيْفَ ذَهَبْتَ إِلَى الْمَدْرَسَةِ؟ 당신은 어떻게 학교에 갔습니까?

B ذَهَبْتُ إِلَيْهَا بِالسَّيَّارَةِ. 나는 자동차로 학교에 갔습니다.

F مَتَى تَرْجِعُ إِلَى الْبَيْتِ؟

당신은 언제 집으로 돌아갑니까?

M أَرْجِعُ إِلَيْهِ فِي الْمَسَاءِ.

나는 저녁에 집으로 돌아갑니다.

 مَتَى تَرْجِعُ إِلَى الْبَيْتِ؟

돌아오다 / 돌아가다	هُوَ	هِيَ	أَنْتَ	أَنْتِ	أَنَا
완료형(과거)	رَجَعَ	رَجَعَتْ	رَجَعْتَ	رَجَعْتِ	رَجَعْتُ
미완료형(현재)	يَرْجِعُ	تَرْجِعُ	تَرْجِعُ	تَرْجِعِينَ	أَرْجِعُ

 أَرْجِعُ إِلَيْهِ فِي الْمَسَاءِ.

أَرْجِعُ는 رَجَعَ 동사의 1인칭 미완료형 동사입니다.

إِلَيْهِ는 전치사 إِلَى와 접미 인칭 대명사 هِ가 연결된 형태예요. 앞서 설명한 대로 알리프막쑤라 ى 뒤에 접미 인칭 대명사가 연결되면 ى 는 يْ로 변합니다. هِ 는 앞 문장의 الْبَيْتَ(집)을 받는 대명사예요. 집은 사물 남성 명사이므로 3인칭 남성 인칭 대명사로 대신해 씁니다. هُوَ 는 주어 자리에만 오는 대명사이니 전치사 뒤에 쓰려면 소유격인 هِ 가 와야죠. 접미 대명사 هُ 는 앞에 연결된 단어의 마지막 자음의 모음이나 발음이 〔i〕이면 هِ로 변합니다. إِلَيْهُ [일라이후]가 아니라 إِلَيْهِ [일라이히]가 되는거죠.

عَلَيْهِ ← عَلَيْهُ ← عَلَيْ + هُ ← عَلَى + هُ

그의 펜의 قَلَمِهِ ← قَلَمِهُ ← قَلَمِ + هُ

مَتَى 언제?

إِلَى ~로, ~에게

بَيْتٌ 집

مَسَاءٌ 저녁

F مَاذَا تَفْعَلُ فِي الْبَيْتِ؟

집에서 무엇을 합니까?

M أَغْسِلُ وَجْهِي ثُمَّ أَقْرَأُ كِتَابًا.

세수를 한 후에 책을 읽습니다.

 مَاذَا تَفْعَلُ فِي الْبَيْتِ؟

하다	هُوَ	هِيَ	أَنْتَ	أَنْتِ	أَنَا
완료형(과거)	فَعَلَ	فَعَلَتْ	فَعَلْتَ	فَعَلْتِ	فَعَلْتُ
미완료형(현재)	يَفْعَلُ	تَفْعَلُ	تَفْعَلُ	تَفْعَلِينَ	أَفْعَلُ

 أَغْسِلُ وَجْهِي.

씻다	هُوَ	هِيَ	أَنْتَ	أَنْتِ	أَنَا
완료형(과거)	غَسَلَ	غَسَلَتْ	غَسَلْتَ	غَسَلْتِ	غَسَلْتُ
미완료형(현재)	يَغْسِلُ	تَغْسِلُ	تَغْسِلُ	تَغْسِلِينَ	أَغْسِلُ

وَجْهِي 나의 얼굴

كِتَابٌ 책

ثُمَّ 그런 후에, 그러고 나서

 أَقْرَأُ كِتَابًا.

읽다	هُوَ	هِيَ	أَنْتَ	أَنْتِ	أَنَا
완료형(과거)	قَرَأَ	قَرَأَتْ	قَرَأْتَ	قَرَأْتِ	قَرَأْتُ
미완료형(현재)	يَقْرَأُ	تَقْرَأُ	تَقْرَأُ	تَقْرَئِينَ	أَقْرَأُ

- 2인칭 여성 미완료형 동사가 다른 이유는 함자의 단어 내 위치에 의해 받침이 달라지기 때문입니다.

سُعَادُ   مَاذَا تَدْرُسُ فِي الْجَامِعَةِ؟

عُمَرُ   أَدْرُسُ اللُّغَةَ الْكُورِيَّةَ.

سُعَادُ   كَيْفَ تَذْهَبُ إِلَى الْجَامِعَةِ؟

عُمَرُ   أَذْهَبُ إِلَيْهَا بِالْأُوتُوبِيس.

سُعَادُ   مَتَى تَرْجِعُ إِلَى الْبَيْتِ؟

عُمَرُ   أَرْجِعُ إِلَيْهِ فِي الْمَسَاءِ.

سُعَادُ   مَاذَا تَفْعَلُ فِيهِ؟

عُمَرُ   أَغْسِلُ وَجْهِي ثُمَّ أَقْرَأُ كِتَابًا.

쑤아드	당신은 대학에서 무엇을 공부합니까?
오마르	나는 한국어를 공부합니다.
쑤아드	대학교에 어떻게 갑니까?
오마르	버스로 대학교에 갑니다.
쑤아드	언제 집으로 돌아갑니까?
오마르	저녁에 집으로 돌아갑니다.
쑤아드	집에서 무엇을 합니까?
오마르	세수를 한 후에 책을 읽습니다.

جَامِعَةٌ	대학교
دَرَسَ	공부하다
اللُّغَةُ الْكُورِيَّةُ	한국어
ذَهَبَ	가다
رَجَعَ	돌아오다, 돌아가다
فَعَلَ	하다
غَسَلَ	씻다
وَجْهٌ	얼굴
ثُمَّ	그런 후에
قَرَأَ	읽다
كِتَابٌ	책

연습 문제

1 빈칸에 들어갈 말로 알맞은 것은?

A مَاذَا ______ (A) فِي الْجَامِعَةِ؟

B ______ (B) اللُّغَةَ الْكُورِيَّةَ.

	(A)	(B)		(A)	(B)		(A)	(B)
①	تَدْرُسُ	–	يَدْرُسُ	②	أَدْرُسُ	–	تَدْرُسُ	③	تَدْرُسِينَ	–	أَدْرُسُ
④	تَدْرُسُ	–	تَدْرُسُ	⑤	أَدْرُسُ	–	أَدْرُسُ			

2 빈칸에 들어갈 말로 알맞은 것은?

A مَتَى ______ إِلَى الْبَيْتِ يَا كَرِيمَةُ؟

B أَرْجِعُ فِي الْمَسَاءِ.

① يَرْجِعُ ② تَرْجِعُ ③ تَرْجِعِينَ ④ أَرْجِعُ ⑤ نَرْجِعُ

3 빈칸에 들어갈 말로 알맞은 것은?

A مَاذَا فَعَلْتَ ______ (A)؟   B دَرَسْتُ اللُّغَةَ الْكُورِيَّةَ.

A مَاذَا تَفْعَلُ ______ (B)؟   B أَقْرَأُ كِتَابًا.

	(A)	(B)		(A)	(B)		(A)	(B)
①	الْآنَ	–	أَمْسِ	②	أَمْسِ	–	أَمْسِ	③	أَمْسِ	–	غَدًا
④	الْآنَ	–	الْآنَ	⑤	غَدًا	–	أَمْسِ			

4 B가 이용하는 교통수단으로 알맞은 것은?

A كَيْفَ تَذْهَبُ إِلَى الْجَامِعَةِ؟

B أَذْهَبُ إِلَيْهَا بِالسَّيَّارَةِ.

① 비행기　② 자동차　③ 버스　④ 배　⑤ 자전거

아랍 화폐 اَلْعُمْلَاتُ الْعَرَبِيَّةُ

아랍 국가마다 고유의 화폐를 사용하고, 같은 화폐를 사용하더라도 그 가치는 다르다. 디나르 دِينَار 는 요르단, 이라크, 쿠웨이트, 바레인, 리비아, 튀니지, 알제리에서 사용되며, 리얄 رِيَال 은 사우디아라비아, 카타르, 오만, 예멘에서 사용한다. 또 디르함 دِرْهَم 은 아랍에미리트와 모로코, 리라 لِيرَة 는 시리아와 레바논, 주나이흐 (기네) جُنَيْه 은 이집트, 수단에서 사용한다.

화폐 이름은 그리스어, 라틴어, 유럽어에서 차용한 것이다.

사우디아라비아 화폐

요르단 화폐

아랍에미리트 화폐

카타르 화폐

이집트 화폐

모로코 화폐

مَا هِوَايَتُكَ؟

당신의 취미는 무엇입니까?

- 취미 묻고 답하기

- 접속사 أَنْ 의 용법 익히기

- هَيَّا 를 이용한 제안하기

- 동의하는 표현 익히기

짤막 회화 01

M مَاذَا تُحِبِّينَ؟

당신은 무엇을 좋아합니까?

F أُحِبُّ فِيلْمًا.

나는 영화를 좋아합니다.

 مَاذَا تُحِبِّينَ؟

좋아하다 / 사랑하다	هُوَ	هِيَ	أَنْتَ	أَنْتِ	أَنَا
완료형(과거)	أَحَبَّ	أَحَبَّتْ	أَحَبَبْتَ	أَحَبَبْتِ	أَحْبَبْتُ
미완료형(현재)	يُحِبُّ	تُحِبُّ	تُحِبُّ	تُحِبِّينَ	أُحِبُّ

• 완료 동사도 참고로 표기했지만 미완료형이 더 많이 쓰입니다. 이 동사는 앞서 봤던 동사들과 모양이 다릅니다. 미완료 동사가 ـيَ로 시작하지 않고 ـيُ로 시작합니다. 차이를 기억하세요.

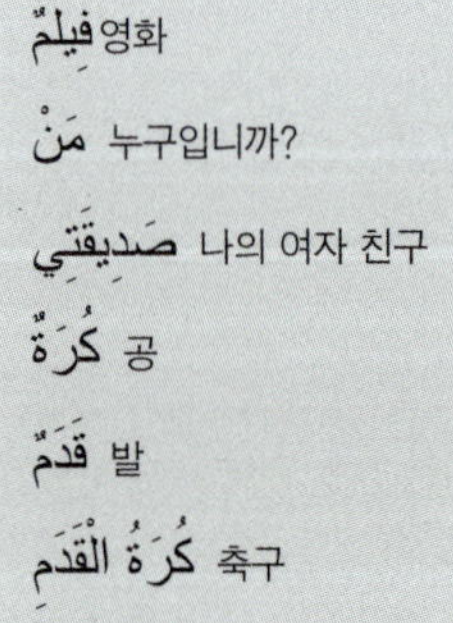

A مَنْ تُحِبُّ؟ 당신은 누구를 좋아합니까?

B أُحِبُّ صَدِيقَتِي. 나는 여자 친구를 좋아합니다.

A مَاذَا تُحِبُّ؟ 당신은 무엇을 좋아합니까?

B أُحِبُّ كُرَةَ الْقَدَمِ. 나는 축구를 좋아합니다.

M هَلْ تُحِبِّينَ أَنْ تُشَاهِدِي فِيلْمًا أَمْرِيكِيًّا؟

당신은 미국 영화 보는 것을 좋아합니까?

F نَعَمْ، أُحِبُّ أَنْ أُشَاهِدَهُ كَثِيرًا.

네, 미국 영화 보는 것을 무척 좋아합니다.

 هَلْ تُحِبِّينَ أَنْ تُشَاهِدِي فِيلْمًا أَمْرِيكِيًّا؟

보다 / 감상하다	هُوَ	هِيَ	أَنْتَ	أَنْتِ	أَنَا
완료형(과거)	شَاهَدَ	شَاهَدَتْ	شَاهَدْتَ	شَاهَدْتِ	شَاهَدْتُ
미완료형(현재)	يُشَاهِدُ	تُشَاهِدُ	تُشَاهِدُ	تُشَاهِدِينَ	أُشَاهِدُ

- شَاهَدَ 동사는 기본 동사에서 파생된 동사로 첫 자음에 알리프가 삽입되어 있습니다.
- 접속사 أَنْ 은 동사를 연결할 때 쓰이는 단어입니다. '~하는 것'의 뜻으로 영어의 that 이나 what의 역할을 합니다. 일반적으로 أَنْ의 앞과 뒤에 있는 동사는 주어를 맞춰 쓰고 뒤의 동사는 미완료형으로 씁니다. 미완료 동사의 마지막 모음은 ＿＿＿＿ 인데 أَنْ 뒤에 나오면 ＿＿＿＿ 로 변합니다.

أَنْ أُشَاهِدَ ← أُشَاهِدُ / أَنْ تُشَاهِدَ ← تُشَاهِدُ / أَنْ يُشَاهِدَ ← يُشَاهِدُ

أَنْ تُشَاهِدِي와 같은 2인칭 여성 현재 동사는 أَنْ 뒤에 오면 마지막 자음 نَ가 탈락해 تُشَاهِدِينَ 가 됩니다.
- أَمْرِيكِيًّا 은 أَمْرِيكَا '미국'을 형용사로 바꾼 단어입니다. 알리프를 떼고 ـِيّ 을 연결하면 أَمْرِيكِيّ '미국의, 미국인'이 됩니다.

A هَلْ أَنْتَ أَمْرِيكِيٌّ؟ 당신은 미국인입니까?

B لَا، أَنَا عَرَبِيٌّ. 아니요, 나는 아랍 인입니다.

أَنْ ~하는 것(접속사)

تُشَاهِدِي 당신(여)가 본다, 감상한다

فِيلْمٌ 영화

أَمْرِيكِيٌّ 미국의, 미국인

كَثِيرًا 무척, 많이

عَرَبِيٌّ 아랍의, 아랍 인

F مَا هِوَايَتُكَ؟

당신의 취미는 무엇입니까?

M هِوَايَتِي مُشَاهَدَةُ الْأَفْلَامِ أَيْضًا.

나의 취미도 영화 감상입니다.

مَا هِوَايَتُكَ؟

هِوَايَةٌ '취미'와 접미 대명사 كَ 가 연결된 단어로 "당신의 취미가 무엇입니까?"로 해석합니다.

هِوَايَتِي مُشَاهَدَةُ الْأَفْلَامِ أَيْضًا.

• مُشَاهَدَةٌ 은 동사 شَاهَدَ 에서 파생된 동명사입니다.
• أَفْلَامٌ 은 영화 فِيلْمٌ 의 복수입니다.

هِوَايَةٌ	취미
أَفْلَامٌ	영화 فِيلْمٌ 의 복수
مُشَاهَدَةٌ	감상
أَيْضًا	역시, 또한

짤막 회화 **04**

F   هَيَّا نُشَاهِدْ فِيلْمًا أَمْرِيكِيًّا فِي السِّينَمَا.

우리 극장에서 미국 영화 봅시다.

M   فِكْرَةٌ جَمِيلَةٌ.

좋은 생각입니다.

 هَيَّا نُشَاهِدْ فِيلْمًا أَمْرِيكِيًّا فِي السِّينَمَا.

هَيَّا 는 '우리 ~하자'라는 뜻으로 요청이나 제안을 할 때 쓰는 표현입니다. 그 뒤에는 نُـ 나 نَـ 로 시작하는 '우리'가 주어인 동사가 옵니다. 또 동사의 끝 모음은 수쿤으로 표기합니다.

هَيَّا + نُـــــــ / نَـــــــ

هَيَّا نَدْرُسْ مَعًا. 우리 함께 공부하자.

هَيَّا نَذْهَبْ. 우리 가자.

- نُشَاهِدْ 는 شَاهَدَ 동사의 1인칭 복수 미완료 동사로 뜻은 '우리가 본다, 감상한다'입니다. 미완료 동사 앞에 نُـ 나 نَـ 가 있으면 '우리가 ~한다'로 해석합니다.
- السِّينَمَا 는 외래어이면서 알리프 ا 로 끝나는 단어로 전치사 뒤에 오더라도 변하지 않는 불변사입니다.

 فِكْرَةٌ جَمِيلَةٌ.

동의할 때 쓰는 관용 표현으로 매우 자주 쓰이니 잘 기억하세요. 동의할 때 쓰는 표현으로는 طَيِّبٌ, أَنَا مُوَافِقٌ, إِنْ شَاءَ اللهُ 등이 있습니다.

هَيَّا	자, 우리 ~하자!
فِيلْمٌ أَمْرِيكِيٌّ	미국 영화
سِينَمَا	극장
غَدًا	내일
فِكْرَةٌ	생각
جَمِيلَةٌ	아름다운(여성)

سَالِمٌ   مَاذَا تُحِبِّينَ؟

خَدِيجَةُ   أُحِبُّ فِيلْمًا.

سَالِمٌ   هَلْ تُحِبِّينَ أَنْ تُشَاهِدِي فِيلْمًا أَمْرِيكِيًّا؟

خَدِيجَةُ   نَعَمْ، أُحِبُّ أَنْ أُشَاهِدَهُ كَثِيرًا. مَا هِوَايَتُكَ؟

سَالِمٌ   هِوَايَتِي مُشَاهَدَةُ الْأَفْلَامِ أَيْضًا.

خَدِيجَةُ   هَيَّا نُشَاهِدْ فِيلْمًا أَمْرِيكِيًّا فِي السِّينَمَا.

سَالِمٌ   فِكْرَةٌ جَمِيلَةٌ.

쌀림	당신은 무엇을 좋아합니까?
카디자	나는 영화를 좋아합니다.
쌀림	당신은 미국 영화 보는 것을 좋아합니까?
카디자	네, 미국 영화 보는 것을 무척 좋아합니다.
	당신의 취미는 무엇입니까?
쌀림	나의 취미도 영화 감상입니다.
카디자	우리 극장에서 미국 영화 봅시다.
쌀림	좋은 생각입니다.

أَحَبَّ	좋아하다
فِيلْمٌ	영화
شَاهَدَ	보다
أَمْرِيكِيٌّ	미국의, 미국인
أَمْرِيكَا	미국
كَثِيرًا	무척, 많이
هِوَايَةٌ	취미
مُشَاهَدَةٌ	감상
أَفْلَامٌ	영화의 복수
سِينَمَا	영화관
فِكْرَةٌ	생각
جَمِيلٌ	아름다운

연습 문제

1 빈칸에 들어갈 말로 알맞은 것은?

> A هَلْ ________ أَنْ نُشَاهِدَ فِيلْمًا؟
>
> B نَعَمْ، أُحِبُّ أَنْ أُشَاهِدَ فِيلْمًا.

① يُحِبُّ ② تُحِبُّ ③ تُحِبِّينَ ④ أُحِبُّ ⑤ نُحِبُّ

2 밑줄 친 표현의 설명으로 알맞은 것은?

> A هَلْ نُشَاهِدُ فِيلْمًا مَعًا؟
>
> B <u>فِكْرَةٌ جَمِيلَةٌ.</u>

① 인사 하기　　　② 제안하기　　　③ 축하하기
④ 동의하기　　　⑤ 나이 묻기

3 대화의 주제로 알맞은 것은?

> A مَا هِوَايَتُكَ؟
>
> B هِوَايَتِي مُشَاهَدَةُ الْأَفْلَامِ.

① 날씨　　② 가족　　③ 취미　　④ 교통　　⑤ 여행

4 빈칸에 들어갈 말로 알맞은 것은?

> A ________ نَلْعَبْ كُرَةَ الْقَدَمِ مَعًا.
>
> B طَيِّبٌ.

① أَيُّ ② مَاذَا ③ يَا ④ هَيَّا ⑤ أَيْنَ

اَلْجُمْهُورِيَّةُ الْعَرَبِيَّةُ السُّورِيَّةُ 시리아

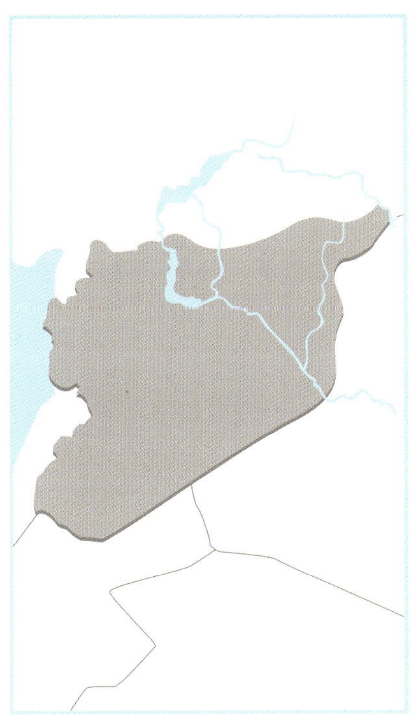

위치	지중해 동부
공식 명칭	시리아아랍공화국
수도	다마스쿠스
면적	185,180㎢
인구	약 2,271만 명(2011)
민족 구성	아랍 인 98%, 기타
종교	이슬람 90%, 기독교 10%
언어	아랍어(영어, 프랑스어 통용)
정치 체제	대통령중심제, 사회주의 공화제
화폐 단위	시리아 파운드(SYP)/리라
기후	해안 평야 : 지중해성 기후 산악지대 : 내륙성 기후 남부 : 사막기후
건국일	1946년 4월 17일
GDP	약 602억 달러(2010)
1인당 GDP	2,958달러(2010)

- 음식 주문하기

- 음식 취향 묻고 답하기

- 음식 관련 기본 단어 익히기

- 아랍 전통 음식

M أَنَا جَوْعَانُ جِدًّا. أُرِيدُ أَنْ آكُلَ شَيْئًا لِلْغَدَاءِ.

무척 배가 고파요. 점심으로 뭐 좀 먹고 싶습니다.

F هَيَّا نَذْهَبْ إِلَى الْمَطْعَمِ.

우리 식당으로 갑시다.

 أُرِيدُ أَنْ آكُلَ شَيْئًا لِلْغَدَاءِ.

원하다	هُوَ	هِيَ	أَنْتَ	أَنْتِ	أَنَا
완료형(과거)	أَرَادَ	أَرَادَتْ	أَرَدْتَ	أَرَدْتِ	أَرَدْتُ
미완료형(현재)	يُرِيدُ	تُرِيدُ	تُرِيدُ	تُرِيدِينَ	أُرِيدُ

먹다	هُوَ	هِيَ	أَنْتَ	أَنْتِ	أَنَا
완료형(과거)	أَكَلَ	أَكَلَتْ	أَكَلْتَ	أَكَلْتِ	أَكَلْتُ
미완료형(현재)	يَأْكُلُ	تَأْكُلُ	تَأْكُلُ	تَأْكُلِينَ	آكُلُ

'먹다'의 미완료 1인칭 동사는 공식에 대입해 보면 أَأْكُلُ라고 생각하실 겁니다. أ에 장모음 ا가 뒤따르면 연달아 أا로 표기하지 않고 하나로 합쳐 آ 이렇게 표기합니다. أ에 أ가 이어져도 마찬가지입니다. أأ로 표기하면 틀리며 آ로 표기하고 ['a:]라고 길게 읽습니다.

لِلْغَدَاءِ

전치사 لِ 뒤에 정관사가 연결되면 정관사의 알리프 ا는 탈락하고 ل만 이어집니다.

لِلْ ← اَلْ + لِ

다음은 왼쪽 단어 글상자 내용입니다.

جَوْعَانُ 배고픈

أُرِيدُ 나는 원하다

آكُلَ 나는 먹는다

شَيْءٌ 어떤 것

غَدَاءُ 점심

هَيَّا 자, ~합시다

نَذْهَبُ 우리는 간다

مَطْعَمٌ 식당

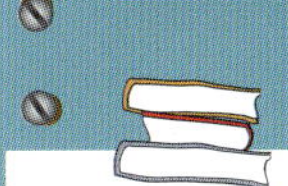

짤막 회화 **02**

F مَاذَا تَأْخُذُ؟

무엇을 먹겠어요?

M آخُذُ خُبْزًا وَلَحْمَ خَرُوفٍ وَسَلَطَةً.

빵과 양고기, 샐러드를 먹겠어요.

 مَاذَا تَأْخُذُ؟

취하다, 얻다	هُوَ	هِيَ	أَنْتَ	أَنْتِ	أَنَا
완료형(과거)	أَخَذَ	أَخَذَتْ	أَخَذْتَ	أَخَذْتِ	أَخَذْتُ
미완료형(현재)	يَأْخُذُ	تَأْخُذُ	تَأْخُذُ	تَأْخُذِينَ	آخُذُ

أَخَذَ 동사는 أَكَلَ(먹다)와 같은 뜻으로 쓰이기도 합니다.

أَكَلَ 동사의 1인칭 현재형처럼 أَخَذَ의 1인칭 현재형은 أَأْخُذُ가 아닌 آخُذُ로 표기합니다.

آخُذُ 나는 얻다, 취하다

خُبْزٌ 빵

لَحْمٌ 고기

خَرُوفٌ 양

لَحْمُ خَرُوفٍ 양고기

سَلَطَةٌ 샐러드

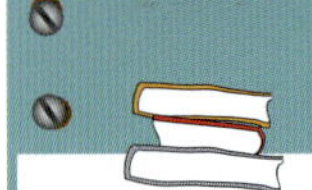

F مَاذَا تَأْكُلُ عَادَةً فِي الْغَدَاءِ؟

보통 점심으로 뭘 먹죠?

M آكُلُ عَادَةً سَنْدُوِيتشًا فِي مَطْعَمِ الْجَامِعَةِ.

보통 대학 식당에서 샌드위치를 먹어요.

 عَادَةً

عَادَةٌ 은 '관습, 풍습'이라는 뜻으로 목적격을 취해 부사로 만들면 '일반적으로, 보통'의 뜻
이 됩니다.

 سَنْدْوِيتش

외래어는 격모음을 표기하지 않는 경우가 많지만 샌드위치는 아랍어와 같이 격모음을 표
기합니다.

F أَيَّ طَعَامٍ عَرَبِيٍّ تُحِبُّ؟

어떤 아랍 음식을 좋아합니까?

M أُحِبُّ الْكَبَابَ وَالْكُسْكُسِي.

케밥과 쿠스쿠스를 좋아합니다.

 أَيَّ طَعَامٍ عَرَبِيٍّ تُحِبُّ؟

أَيّ은 의문사 역할을 하는 단어로 '어떤, 어느'의 뜻입니다. 그 뒤에는 명사나 형용사가 비한정 소유격 형태로 따라옵니다. 또 보통 의문사는 격변화가 없는 불변사이지만 أَيّ은 명사이기 때문에 문장 내 성격에 따라 격변화를 합니다. 이 문장에서는 '어떤 아랍 음식을' 좋아하냐고 묻고 있죠. 그래서 모음을 목적격으로 표기합니다.

어떤 펜이 당신의 것입니까?   أَيُّ قَلَمٍ لَكَ؟

어떤 고기를 먹었습니까?   أَيَّ لَحْمٍ أَكَلْتَ؟

어떤 시간에(몇 시에) 등교합니까?   فِي أَيِّ سَاعَةٍ تَذْهَبُ إِلَى الْمَدْرَسَةِ؟

طَعَامٌ 음식

عَرَبِيٌّ 아랍의

تُحِبُّ 당신은 좋아한다. 그녀는 좋아한다.

أُحِبُّ 나는 좋아한다.

أَيّ 어떤, 어느

 أُحِبُّ الْكَبَابَ وَالْكُسْكُسِي.

كَبَابٌ 케밥은 양고기, 쇠고기, 닭고기로 요리하는 꼬치구이입니다. 터키에서 유래되어 아랍에서도 먹는 전통 음식이에요. 케밥의 종류는 아주 다양해서 2~300가지가 있다고 해요. 그중 우리에게 상대적으로 익숙한 케밥은 고기를 조각내 꼬치에 끼워 숯불에 굽는 쉬시 케밥과 우리나라의 길거리에서도 종종 볼 수 있는 샤와르마 케밥이에요.

كُسْكُسِي 쿠스쿠스는 모로코, 튀니지, 알제리 등 마그립 지역에서 유래한 전통 음식입니다. 밀을 으깨 작은 알갱이로 만든 파스타에 고기나 감자, 당근 등의 채소를 함께 쪄내 먹습니다.

가장 쉬운 아랍어 첫걸음

مَرْيَمُ	أَنَا جَوْعَانَةٌ جِدًّا. أُرِيدُ أَنْ آكُلَ شَيْئًا.
خَالِدٌ	هَيَّا نَذْهَبْ إِلَى الْمَطْعَمِ الْآنَ.
مَرْيَمُ	طَيِّبٌ، فِكْرَةٌ جَمِيلَةٌ.
خَالِدٌ	مَاذَا تَأْكُلِينَ يَا مَرْيَمُ؟
مَرْيَمُ	آكُلُ دَجَاجًا وَأُرْزًا وَسَلَطَةً.
خَالِدٌ	هَلْ تُحِبِّينَ طَعَامًا كُورِيًّا؟
مَرْيَمُ	نَعَمْ، أُحِبُّهُ كَثِيرًا.
خَالِدٌ	إِذَنْ، أَيَّ طَعَامٍ كُورِيٍّ تُحِبِّينَ؟
مَرْيَمُ	أُحِبُّ الْكِيمْتْشِي وَالْبُولْغُوغِي.

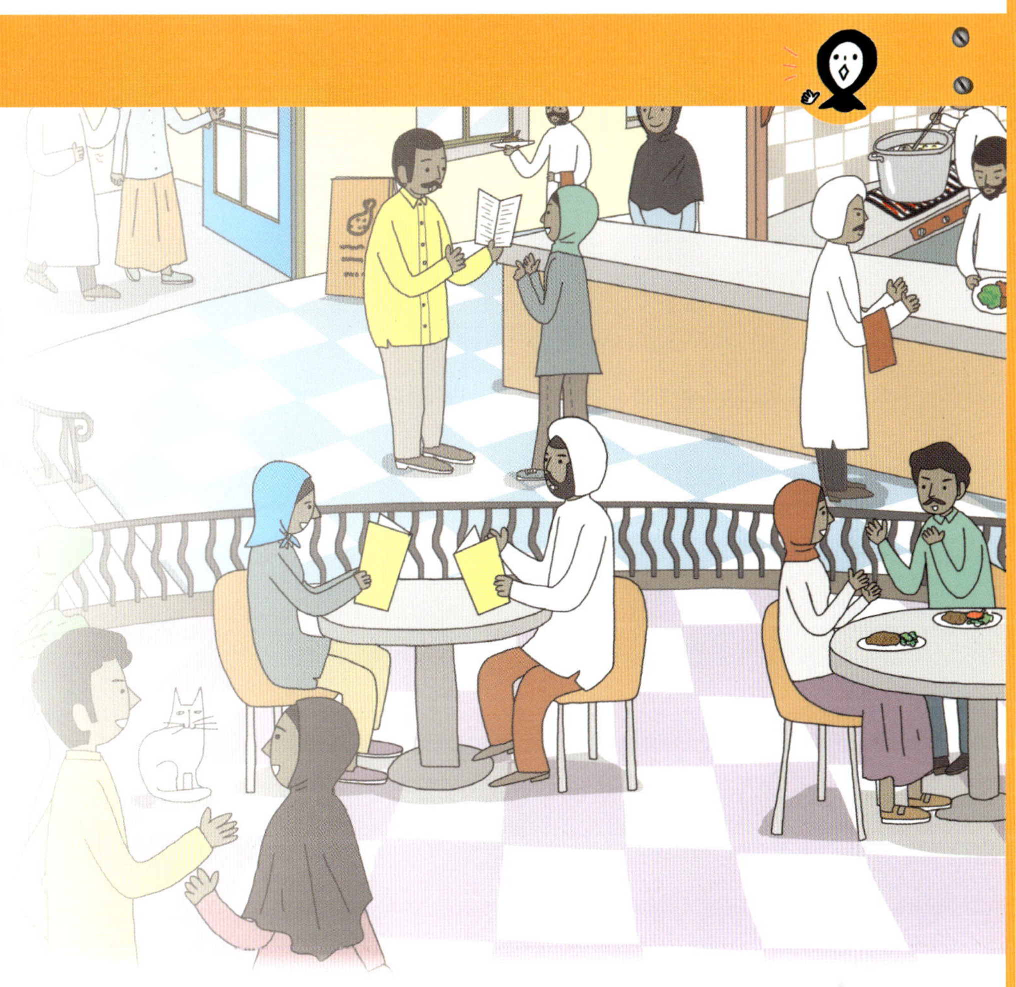

마르얌	무척 배가 고파요. 뭐 좀 먹고 싶어요.
칼리드	지금 식당으로 갑시다.
마르얌	네, 좋은 생각이에요.
칼리드	무엇을 드시겠어요, 마르얌?
마르얌	저는 닭고기와 밥, 샐러드를 먹겠어요.
칼리드	한국 음식을 좋아합니까?
마르얌	네, 굉장히 좋아해요.
칼리드	그럼, 어떤 한국 음식을 좋아합니까?
마르얌	김치와 불고기를 좋아헤요.

طَيِّب	좋은, 훌륭한
فِكْرَة	생각
جَمِيلٌ	아름다운
أُرْزٌّ	밥
دَجَاجٌّ	닭고기
إِذَنْ	그렇다면
اَلْكِيمْتْشِي	김치
اَلْبُولْغُوغِي	불고기
جِدًّا	매우, 너무

연습 문제

1 대화에서 B가 주문한 것은?

> A   مَاذَا تُرِيدُ؟
>
> B   أُرِيدُ خُبْزًا وَسَلَطَةً.

① 밥과 샐러드   ② 빵과 고기   ③ 밥과 고기   ④ 빵과 샐러드   ⑤ 빵과 생선

2 빈칸에 들어갈 말로 알맞은 것은?

> A   _______ طَعَامٍ عَرَبِيٍّ تُحِبُّ؟
>
> B   أُحِبُّ الْكَبَابَ وَالْكُسْكُسِي.

① مَا   ② مَاذَا   ③ أَيَّ   ④ كَيْفَ   ⑤ لِمَاذَا

3 빈칸에 들어갈 말로 알맞은 것을 모두 고른 것은?

> A   مَاذَا تُرِيدُ؟
>
> B   _______ أُرْزًا وَسَمَكًا.

Ⓐ آخُذُ   Ⓑ أَزُورُ   Ⓒ أَفْعَلُ   Ⓓ أُرِيدُ   Ⓔ آكُلُ

① Ⓐ, Ⓑ, Ⓒ   ② Ⓐ, Ⓑ, Ⓓ   ③ Ⓐ, Ⓒ, Ⓓ
④ Ⓐ, Ⓒ, Ⓔ   ⑤ Ⓐ, Ⓓ, Ⓔ

4 대화의 내용으로 보아 B가 가야 할 곳은?

> A   مَاذَا تُرِيدُ أَنْ تَأْكُلَ؟
>
> B   أُرِيدُ أَنْ آكُلَ لَحْمَ الْبَقَرِ وَالْأُرْزَ.

① الْمَطْعَمُ   ② الْمَدْرَسَةُ   ③ الْبَنْكُ   ④ مَكْتَبُ الْبَرِيدِ   ⑤ السُّوقُ

الْأَطْعِمَةُ الْعَرَبِيَّةُ 아랍 음식

무슬림들은 이슬람법(샤리아)으로 허용된 음식만 먹는다. 할랄 حَلَال 음식이라고도 한다. 이슬람법에서는 돼지고기와 동물의 피, 부적절하게 도축된 동물, 술, 가공식품 등의 품목을 금지한다. 그래서 주로 먹는 육류는 쇠고기, 양고기, 닭고기이다. 돼지고기는 앞서 언급한대로 종교적 이유와 문화적인 이유로 먹지 않는다. 또 식사할 때 왼손을 사용하는 것은 결례이므로 오른손을 사용해야 한다.

아래는 아랍의 대표적인 음식이다

케밥 كَبَاب

종류가 매우 다양하며 양고기, 닭고기, 쇠고기 등을
재료로 사용한다.

빵 خُبْز

아랍의 빵집, 마트, 음식점 등에서 쉽게 살 수 있는
빵이다. 생김새는 인도의 난과 비슷하며 고기
등을 싸 먹기도 한다.

훔무스 حُمْص

불린 병아리콩을 갈아 여러 재료를 넣고 걸쭉하게
만들어 빵이나 고기와 함께 먹는다.

샤와르마 شَاوِرْمَا

밀 전병에 잘게 자른 닭고기나 양고기, 쇠고기와
야채를 함께 넣어 돌돌 말아 먹는 음식이다.

쿠나파 كُنَافَة

디저트의 일종이며 종류가 매우 다양하다.

쿠스쿠스 كُسْكُسِي

쿠스쿠스 파스타와 야채 및 고기를 넣어 함께
요리한다.

12

مَاذَا عِنْدَك؟

어디가 아프십니까?

- 병원 관련 단어 익히기

- 증상 묻고 표현하기

- 다양한 동사 익히기

F مَاذَا عِنْدَكَ؟

어디가 아프십니까?

M أَشْعُرُ بِأَلَمٍ فِي الرَّأْسِ.

머리에 통증을 느낍니다.

 مَاذَا عِنْدَكَ؟

직역하면 "당신에게는 무엇이 있습니까?"이며 병원에서 증상을 물을 때 쓰입니다. 같은 표현으로 مَاذَا بِكَ؟ "무슨 일입니까?"도 있어요.

 أَشْعُرُ بِأَلَمٍ فِي الرَّأْسِ.

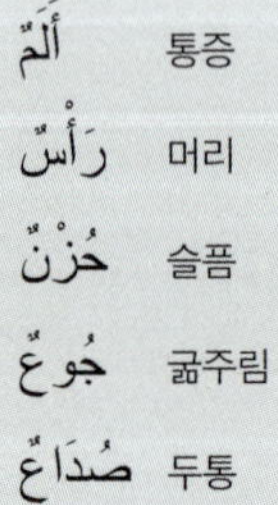

أَلَمٌ	통증
رَأْسٌ	머리
حُزْنٌ	슬픔
جُوعٌ	굶주림
صُدَاعٌ	두통

느끼다	هُوَ	هِيَ	أَنْتَ	أَنْتِ	أَنَا
완료형(과거)	شَعَرَ	شَعَرَتْ	شَعَرْتَ	شَعَرْتِ	شَعَرْتُ
미완료형(현재)	يَشْعُرُ	تَشْعُرُ	تَشْعُرُ	تَشْعُرِينَ	أَشْعُرُ

شَعَرَ 동사는 '~을 느끼다'의 의미로 전치사 بِ 가 뒤따릅니다.

나는 슬픔을 느낀다.   أَشْعُرُ بِالْحُزْنِ.
나는 배고픔을 느낀다.   أَشْعُرُ بِالْجُوعِ.

• "머리에 통증을 느끼다."라는 말로 아래와 같이 표현할 수 있습니다.

두통이 있다.   عِنْدِي صُدَاعٌ.
머리에 통증이 있다.   عِنْدِي أَلَمٌ فِي الرَّأْسِ.

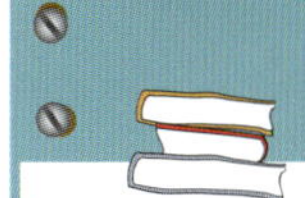

짤막 회화 **02**

F سَأَفْحَصُ صَدْرَكَ بِالسَّمَّاعَةِ.

청진기로 가슴을 진찰하겠습니다.

M عِنْدِي أَلَمٌ فِي الْبَطْنِ أَيْضًا.

배에도 통증이 있어요.

سَأَفْحَصُ صَدْرَكَ بِالسَّمَّاعَةِ.

느끼다	هُوَ	هِيَ	أَنْتَ	أَنْتِ	أَنَا
완료형(과거)	فَحَصَ	فَحَصَتْ	فَحَصْتَ	فَحَصْتِ	فَحَصْتُ
미완료형(현재)	يَفْحَصُ	تَفْحَصُ	تَفْحَصُ	تَفْحَصِينَ	أَفْحَصُ

- 전치사 ـبِ 는 '~을 가지고'의 의미를 갖습니다.

* 접미 인칭 대명사

나의	당신(남)의	당신(여)의	그의	그녀의
ـِي	ـكَ	ـكِ	ـهُ	ـهَا
이:	카	키	후	하

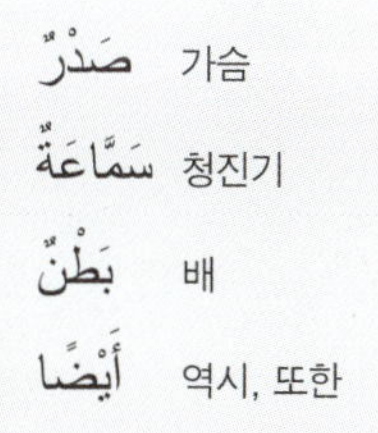

صَدْرٌ 가슴
سَمَّاعَةٌ 청진기
بَطْنٌ 배
أَيْضًا 역시, 또한

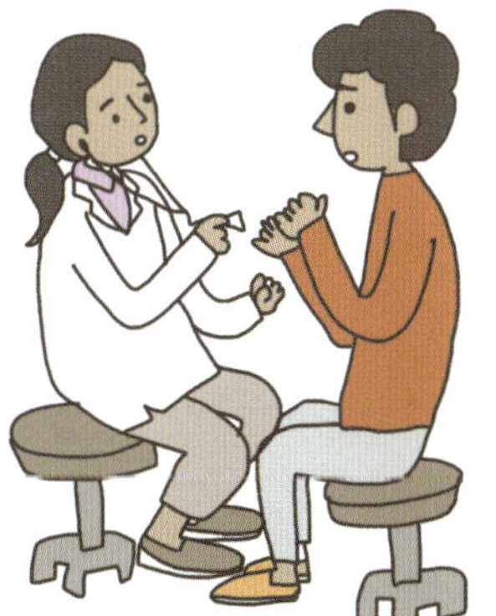

짤막 회화 **03**

F مَاذَا فَعَلْتَ أَمْسِ؟

어제 무엇을 하셨습니까?

M لَعِبْتُ كُرَةَ الْقَدَمِ فِي الْمَلْعَبِ.

운동장에서 축구를 했습니다.

 لَعِبْتُ كُرَةَ الْقَدَمِ فِي الْمَلْعَبِ.

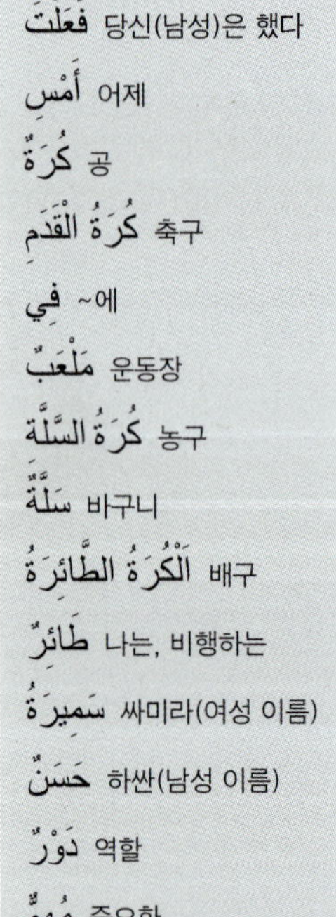

놀다	هُوَ	هِيَ	أَنْتَ	أَنْتِ	أَنَا
완료형(과거)	لَعِبَ	لَعِبَتْ	لَعِبْتَ	لَعِبْتِ	لَعِبْتُ
미완료형(현재)	يَلْعَبُ	تَلْعَبُ	تَلْعَبُ	تَلْعَبِينَ	أَلْعَبُ

لَعِبَ 동사는 영어의 play와 같은 뜻입니다.

무함마드는 농구를 합니다. يَلْعَبُ مُحَمَّدٌ كُرَةَ السَّلَّةِ.

사미라는 배구를 합니다. تَلْعَبُ سَمِيرَةُ الْكُرَةَ الطَّائِرَةَ.

하싼은 중요한 역할을 합니다. يَلْعَبُ حَسَنٌ دَوْرًا مُهِمًّا.

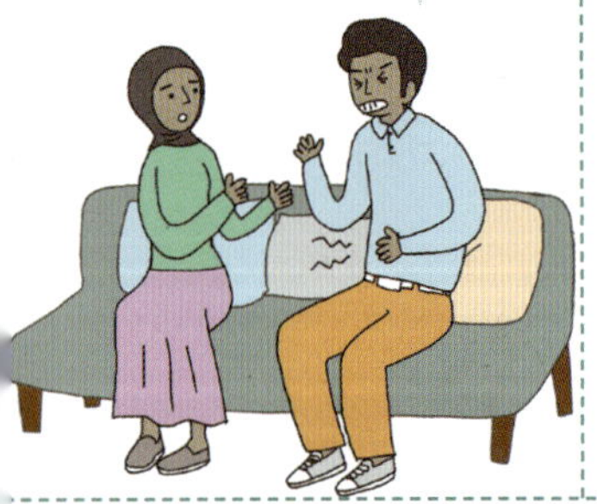

M مَاذَا عِنْدِي؟

제 증상이 어떻죠?

F عِنْدَكَ زُكَامٌ شَدِيدٌ. أَطْلُبُ مِنْكَ شِرَاءَ الْأَدْوِيَةِ مِنَ الصَّيْدَلِيَّةِ.

심한 감기입니다. 약국에서 약을 구입하세요.

 أَطْلُبُ مِنْكَ شِرَاءَ الْأَدْوِيَةِ مِنَ الصَّيْدَلِيَّةِ.

요구하다	هُوَ	هِيَ	أَنْتَ	أَنْتِ	أَنَا
완료형(과거)	طَلَبَ	طَلَبَتْ	طَلَبْتَ	طَلَبْتِ	طَلَبْتُ
미완료형(현재)	يَطْلُبُ	تَطْلُبُ	تَطْلُبُ	تَطْلُبِينَ	أَطْلُبُ

طَلَبَ 동사는 '요구하다'라는 뜻으로 '~에게 요구하다'로 쓰려면 전치사 مِن 을 이용합니다.

طَلَبَ الطَّبِيبُ مِنْ مُحَمَّدٍ شِرَاءَ الْأَدْوِيَةِ مِنَ الصَّيْدَلِيَّةِ.

의사가 무함마드에게 약국에서 약을 구입할 것을 요구했다.

طَلَبْتُ مِنْ مُحَمَّدٍ أَنْ يَدْرُسَ التَّارِيخَ الْإِسْلَامِيَّ.

나는 무함마드에게 이슬람 역사를 공부하라고 요구했다.

زُكَامٌ	감기
شَدِيدٌ	강한, 심한
شِرَاءٌ	구입, 구매
أَدْوِيَةٌ	약(دَوَاءٌ)의 복수
صَيْدَلِيَّةٌ	약국

실전 회화

ٱلطَّبِيبَةُ   مَاذَا عِنْدَكَ؟

ٱلْمَرِيضُ   أَشْعُرُ بِأَلَمٍ فِي الرَّأْسِ.

ٱلطَّبِيبَةُ   سَأَفْحَصُ صَدْرَكَ بِالسَّمَّاعَةِ.

ٱلْمَرِيضُ   عِنْدِي أَلَمٌ فِي الْبَطْنِ أَيْضًا.

ٱلطَّبِيبَةُ   مَاذَا فَعَلْتَ أَمْسِ؟

ٱلْمَرِيضُ   لَعِبْتُ كُرَةَ الْقَدَمِ فِي الْمَلْعَبِ. مَاذَا عِنْدِي؟

ٱلطَّبِيبَةُ   عِنْدَكَ زُكَامٌ شَدِيدٌ. أَطْلُبُ مِنْكَ شِرَاءَ الْأَدْوِيَةِ مِنَ الصَّيْدَلِيَّةِ.

의사	어디가 아프세요?
카림	머리에 통증을 느낍니다.
의사	청진기로 가슴을 진찰할게요.
카림	배에도 통증이 있어요.
의사	어제 무슨 일을 했죠?
카림	운동장에서 축구를 했습니다. 제 증상이 어떤가요?
의사	심한 감기가 있네요. 약국에서 약을 구입하세요.

زُكَامٌ	감기
شَدِيدٌ	강한, 심한
شِرَاءٌ	구입, 구매
أَدْوِيَةٌ	약(دَوَاءٌ)의 복수
صَيْدَلِيَّةٌ	약국

1 대화의 내용으로 볼 때 두 사람의 관계는?

A   مَاذَا بِكَ؟

B   أَشْعُرُ بِأَلَمٍ فِي رَأْسِي.

① أُمٌّ وَمُدَرِّسٌ   ② طَبِيبٌ وَمَرِيضٌ   ③ مُوَظَّفٌ وَمُهَنْدِسٌ

④ مُدَرِّسٌ وَطَالِبٌ   ⑤ بَائِعٌ وَمُهَنْدِسٌ

2 대화의 내용과 일치하는 것은?

A   هَلْ عِنْدَكَ صُدَاعٌ؟

B   لاَ، أَشْعُرُ بِأَلَمٍ فِي بَطْنِي.

① A는 눈이 아프다.   ② A는 배가 아프다.   ③ B는 머리가 아프다.

④ B는 배가 아프다.   ⑤ B는 눈이 아프다.

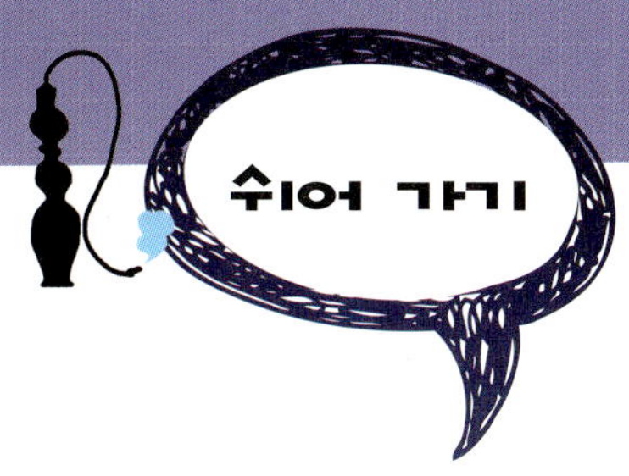

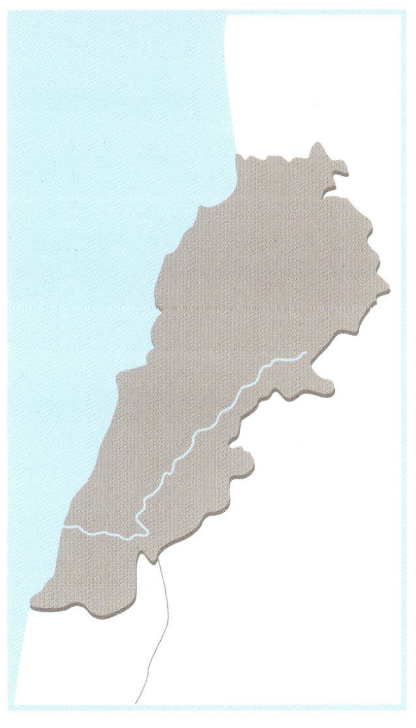

위치	지중해 동부
공식 명칭	레바논 공화국
수도	베이루트
면적	10,452㎢
인구	401만 명(2009)
민족 구성	아랍 인95%, 아르메니아 인 4%
종교	이슬람 60%, 기독교 39%, 기타 1%
언어	아랍어, 불어, 영어
정치 체제	대통령중심제
화폐 단위	레바논 파운드(LBP)
기후	지중해성 기후
건국일	1943년 11월 22일
GDP	약 425억 달러(2010)
1인당 GDP	10,746달러(2010)

13

بِكَمْ هَذَا؟

얼마입니까?

- 상점에서 물건 사기

- '마음에 든다'는 표현 يَعْجِبُ 동사의 용법 익히기

- 숫자 기수 읽기와 용법

짤막 회화 **01**

M مَرْحَبًا، أَيُّ خِدْمَةٍ يَا آنِسَةُ؟

어서 오세요. 무엇을 도와드릴까요, 아가씨?

F أُرِيدُ أَنْ أَشْتَرِيَ قَمِيصًا أَبْيَضَ.

흰색 셔츠를 사고 싶어요.

 أَيُّ خِدْمَةٍ؟

"무엇을 도와드릴까요?"의 뜻인 관용 표현입니다. 상점이나 기관의 직원이 손님이나 방문객에게 씁니다. 같은 말로는 مَاذَا تُرِيدُ؟ / مَاذَا تُرِيدِينَ؟ 가 있어요.

 أُرِيدُ أَنْ أَشْتَرِيَ قَمِيصًا أَبْيَضَ.

구입하다	هُوَ	هِيَ	أَنْتَ	أَنْتِ	أَنَا
완료형(과거)	اِشْتَرَى	اِشْتَرَتْ	اِشْتَرَيْتَ	اِشْتَرَيْتِ	اِشْتَرَيْتُ
미완료형(현재)	يَشْتَرِي	تَشْتَرِي	تَشْتَرِي	تَشْتَرِينَ	أَشْتَرِي

접속사 أَنْ 뒤에 오는 동사의 마지막 모음은 _________ 입니다. يَشْتَرِي 처럼 마지막 모음이 없는 동사는 모음 '아'를 삽입합니다.

• أَبْيَض 는 탄원이 없는 단어예요. 주격일 때는 _______ 로, 목적격과 소유격일 때는 _________ 로 표기합니다. 그래서 비한정 상태인 셔츠 قَمِيصًا 을 꾸미더라도 أَبْيَضًا 이 되지 않고 أَبْيَضَ 로 써야 합니다.

مَرْحَبًا 안녕하세요

يَا 호격사

آنِسَةٌ 아가씨

قَمِيصٌ 셔츠

أَبْيَضُ 흰색

짤막 회화 02

M مَا رَأْيُكِ فِي هَذَا الْقَمِيصِ الْجَمِيلِ؟

이 예쁜 셔츠 어떠십니까?

F جَيِّدٌ، يُعْجِبُنِي هَذَا الْقَمِيصُ كَثِيرًا.

좋네요. 이 셔츠가 무척 마음에 들어요.

 جَيِّدٌ، يُعْجِبُنِي هَذَا الْقَمِيصُ كَثِيرًا.

놀라게 하다/ 감탄시키다	هُوَ	هِيَ	أَنْتَ	أَنْتِ	أَنَا
완료형(과거)	أَعْجَبَ	أَعْجَبَتْ	أَعْجَبْتَ	أَعْجَبْتِ	أَعْجَبْتُ
미완료형(현재)	يُعْجِبُ	تُعْجِبُ	تُعْجِبُ	تُعْجِبِينَ	أُعْجِبُ

이 동사는 사역 동사로 '감탄하게 하다, 감동시키다, 마음에 들게 하다' 등의 뜻으로 쓰입니다. '내가' 놀라거나 감동해도 '내가' 주어가 아닌 목적어여야 합니다. 예를 들어 '나는 이집트가 마음에 들어'를 아랍어로 쓰고자 한다면 '이집트가 나를 감동시켜'입니다. 우리에게는 익숙하지 않은 형태의 동사이니 잘 이해하고 숙지하세요.

- 목적격 접미 인칭 대명사 : 동사 뒤에 연결되는 대명사로 목적어 역할을 합니다. 1인칭을 제외하고 2, 3인칭 대명사는 앞서 배운 소유격 접미 인칭 대명사와 공통으로 씁니다.

1인칭(남녀 공통)	2인칭(남)	2인칭(여)	3인칭(남)	3인칭(여)
ـنِي	ـكَ	ـكِ	ـهُ	ـهَا
나를	당신(남성)을	당신(여성)을	그를	그녀를
니ː	카	키	후	하

민수는 아랍 음식이 마음에 듭니다. → 아랍 음식이 민수를 감동시킨다.

يُعْجِبُ مِينْ سُو طَعَامًا عَرَبِيًّا. (×)　يُعْجِبُ الطَّعَامُ الْعَرَبِيُّ مِينْ سُو. (○)

나는 이집트가 마음에 듭니다. → 이집트가 나를 만족시킨다.

أُعْجِبُ مِصْرَ. (×)　تُعْجِبُنِي مِصْرُ. (○)

마 مَا 무엇입니까?

라이 رَأْيٌ 생각, 의견

마 라이카 피 مَا رَأْيُكَ فِي ... ~에 대해 어떻게 생각합니까?

카미쓰 قَمِيصٌ 셔츠

자밀 جَمِيلٌ 아름다운, 예쁜

자이드 جَيِّدٌ 좋은

카씨란 كَثِيرًا 무척, 많이

M هَذَا الْقَمِيصُ مُنَاسِبٌ لَكَ.

이 셔츠가 당신에게 어울립니다.

F أَعْطِنِي هَذَا الْقَمِيصَ.

이 셔츠 주세요.

 هَذَا الْقَمِيصُ مُنَاسِبٌ لَكَ.

지시 대명사 هَذَا 는 뒤따르는 الْقَمِيصُ (셔츠)를 꾸며 주어 '이 셔츠'라는 뜻이 됩니다. 셔츠가 남성 명사이니 꾸며 주는 지시 대명사도 남성으로 씁니다. 또 지시 대명사가 뒤따르는 명사를 꾸밀 때는 명사에 정관사가 있어야 합니다.

이 자동차 هَذِهِ السَّيَّارَةُ / 저 펜 ذَلِكَ الْقَلَمُ / 저 대학 تِلْكَ الْجَامِعَةُ

• مُنَاسِبٌ لِـ

مُنَاسِبٌ 은 '어울리는, 적합한'의 뜻으로 '~에게 어울리는'으로 쓸 때는 전치사 لِـ 를 함께 씁니다.

전치사 لِـ 뒤에 접미 인칭 대명사 كَ . كِ . هُ . هَا 가 연결되면 لِـ 의 모음은 لَـ 로 변합니다.

(×) لِكَ ، لِكِ ، لِهُ ، لِهَا (○) لَكَ ، لَكِ ، لَهُ ، لَهَا

 أَعْطِنِي هَذَا الْقَمِيصَ.

أَعْطِ 는 '주세요'라는 뜻의 명령형 동사로 여성형은 أَعْطِي 입니다.

그녀에게 주세요. أَعْطِهَا

(여성에게) 나에게 주세요. أَعْطِينِي

هَذَا 이것(남성)
قَمِيصٌ 셔츠
لِـ ~에게, ~를 위한

짤막 회화 04

F بِكَمْ هَذَا الْقَمِيصُ؟

이 셔츠 얼마입니까?

M بِخَمْسَةِ دَنَانِيرَ.

5 디나르입니다.

 بِكَمْ هَذَا؟

بِكَمْ은 가격을 물을 때 쓰는 의문사입니다. 매우 유용하니 잘 기억하세요. 가격을 답할 때도 전치사 ـبِ를 숫자 앞에 표기합니다.

بِكَمِ الْكِيلُو؟ 킬로(그램)에 얼마입니까?

 숫자

	남성	여성		남성	여성
1	وَاحِدٌ	وَاحِدَةٌ	6	سِتَّةٌ	سِتٌّ
2	اثْنَانِ	اثْنَتَانِ	7	سَبْعَةٌ	سَبْعٌ
3	ثَلَاثَةٌ	ثَلَاثٌ	8	ثَامِيَةٌ	ثَمَانٍ
4	أَرْبَعَةٌ	أَرْبَعٌ	9	تِسْعَةٌ	تِسْعٌ
5	خَمْسَةٌ	خَمْسٌ	10	عَشَرَةٌ	عَشْرٌ

아랍어의 수에는 남성형과 여성형이 있습니다. 1과 2는 보통 형용사처럼 쓰여 수식하는 명사의 성과 격을 일치시킵니다. 3~10까지 숫자는 보통 명사와 같이 쓰이며 연결형 구조를 이룹니다. 숫자의 성은 뒤따르는 명사가 단수일 때의 성에 일치시킵니다.

숫자 1~2 + 명사 / 명사 복수 소유격 + 숫자 3~10

- دَنَانِيرُ는 دِينَارٌ 디나르의 복수단어로 요르단 등 아랍 국가에서 쓰이는 화폐 단위 중 하나입니다. 5디나르는 디나르가 5개 있다는 표현이므로 디나르를 복수로 써야합니다. 또 디나르의 단수가 남성이기 때문에 숫자도 ة 타마르부타가 있는 남성 숫자로 일치시킵니다. دَنَانِيرُ는 격이 두 개만 있는 명사입니다. دَنَانِيرُ는 주격 دَنَانِيرَ는 목적격과 소유격 공통으로 쓰입니다.

دِينَارٌ 디나르(화폐 단위)

دَنَانِيرُ 디나르의 복수

ٱلْبَائِعُ   مَرْحَبًا، أَيُّ خِدْمَةٍ يَا آنِسَةُ؟

لَيْلَى   أُرِيدُ أَنْ أَشْتَرِيَ قَمِيصًا أَبْيَضَ.

ٱلْبَائِعُ   مَا رَأْيُكِ فِي هَذَا الْقَمِيصِ الْجَمِيلِ؟

لَيْلَى   جَيِّدٌ، يُعْجِبُنِي هَذَا الْقَمِيصُ كَثِيرًا.

ٱلْبَائِعُ   هَذَا الْقَمِيصُ مُنَاسِبٌ لَكِ.

لَيْلَى   أَعْطِنِي هَذَا الْقَمِيصَ. بِكَمْ هَذَا؟

ٱلْبَائِعُ   بِخَمْسَةِ دَنَانِيرَ.

상인	어서 오세요. 무엇을 도와드릴까요, 아가씨?
라일라	흰색 셔츠를 사고 싶어요.
상인	이 예쁜 셔츠 어떠세요?
라일라	네, 이 셔츠가 무척 마음에 듭니다.
상인	셔츠가 당신에게 어울려요.
라일라	이 셔츠 주세요. 얼마죠?
상인	5디나르입니다.

أَيّ	어떤, 어느
خِدْمَة	서비스
آنِسَة	아가씨
قَمِيص	셔츠
أَبْيَض	흰색
رَأْي	의견, 생각
بِكَمْ	얼마입니까?
مُنَاسِب	어울리는
خَمْسَة	5
دَنَانِير	디나르(화폐단위)의 복수

연습 문제

1 밑줄 친 부분과 바꾸어 쓸 수 있는 말로 알맞은 것은?

> A مَاذَا تُرِيدِينَ؟
>
> B أُرِيدُ أَنْ أَشْتَرِيَ قَمِيصًا.

① كَمْ كِيلُو   ② كَيْفَ هَذَا   ③ أَيُّ خِدْمَةٍ
④ أَيْنَ أَنْتَ   ⑤ مَتَى تَرْجِعُ

2 다음 낱말 카드로 문장을 구성했을 때 필요 없는 것은?

(1) فَصْلٌ   (2) نِي   (3) يُعْجِبُ   (4) الْقَمِيصُ   (5) هَذَا

① (1)   ② (2)   ③ (3)   ④ (4)   ⑤ (5)

3 빈칸에 들어갈 말로 알맞은 것은?

> A هَذِهِ الْحَقِيبَةُ مُنَاسِبَةٌ ______ كَ.
>
> B أَعْطِنِي هَذِهِ الْحَقِيبَةَ.

① مَعَ   ② لَـ   ③ أَمَامَ   ④ فِي   ⑤ عَلَى

4 빈칸에 들어갈 말로 알맞은 것은?

> A ______ هَذَا الْقَمِيصُ؟
>
> B بِخَمْسَةِ دَنَانِيرَ.

① أَيْنَ   ② بِكَمْ   ③ أَيُّ   ④ مَا اسْمُ   ⑤ كَيْفَ

1) 샤하다 الشَّهَادَتَانِ (신앙 고백)

"알라 외에 신이 없고 무함마드가 알라의 사도임을 증언한다. أَشْهَدُ أَنَّ لَا إِلَهَ إِلاَّ الله مُحَمَّدٌ رَسُولُ الله. "라는 구절을 입으로 왼다.

2) 살라 الصَّلَاةُ (예배)

일정한 시각에 형식에 맞춰 행하는 예배이다. 개인적으로 드리는 예배는 하루에 다섯 번(일출, 정오, 하오, 일몰, 심야)이다. 금요일에는 사원에서 집단으로 예배를 행한다. 또 예배를 드릴 때는 메카 쪽을 향한다.

3) 자카 الزَّكَاةُ (희사)

일종의 세금. 그러나 세금이라기보다는 신에 대한 채권이라고 여긴다. 언젠가는 신이 이를 몇 배로 갚아 주리라고 생각하며 자신의 연수입의 2.5%를 희사한다. 모든 무슬림의 의무이며, 주위의 가난한 자에게 스스로 나눠줄 수도 있다.

4) 사움 الصَّوْمُ (단식)

성년 무슬림은 매년 라마단 기간에 음식, 흡연, 성교 등을 금한다. 해가 떠서 질 때까지 금식하고, 흰 실과 검은 실이 구별이 안 되는 어둠이 올 때 음식을 먹을 수 있다.

5) 하지 الْحَجِّ (순례)

모든 무슬림은 일생에 한 번이라도 이슬람력 12월 7일부터 12일까지 진행되는 성지 순례를 다녀와야 한다. 사우디아라비아의 서부 연안에 있는 성지 메카의 카바 신전 등을 순례하며, 하지가 끝날 때까지 머리나 손톱은 절대 깎지 않는다.

순례자들은 첫날인 7일에 메카에서 19km 떨어진 미나에서 밤을 보내고 몸을 정화하는 의미로 이음매가 없는 흰 순례복을 입는다. 그리고 둘째 날 메카로 들어가 카바 신전 주위를 7바퀴 돈다.

PART 14

كَمِ السَّاعَةُ الآنَ؟

지금 몇 시입니까?

- 숫자 서수 표현 익히기

- 시간 묻고 답하기

 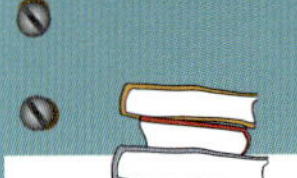

F كَمِ السَّاعَةُ الْآنَ؟

지금 몇 시입니까?

M اَلسَّاعَةُ الْآنَ السَّادِسَةُ.

지금 6시입니다.

 كَمِ السَّاعَةُ الْآنَ؟

سَاعَةٌ은 '시계'의 뜻도 있지만 '시간'의 뜻도 있습니다. كَمْ(얼마, 몇)의 의문사 뒤에 정관사가 있어 연음을 해 주기 위한 보조 모음이 생깁니다.

캄 앗싸:아투 알아:나?(×) 카밋싸:아툴아:나?(○)

 ## 시간 표현

	기수	서수	시간		기수	서수	시간
1	وَاحِدٌ	أَوَّلُ	(اَلسَّاعَةُ) الْوَاحِدَةُ	7	سَبْعَةٌ	سَابِعٌ	(اَلسَّاعَةُ) السَّابِعَةُ
2	اثْنَانِ	ثَانٍ	(اَلسَّاعَةُ) الثَّانِيَةُ	8	ثَمَانِيَةٌ	ثَامِنٌ	(اَلسَّاعَةُ) الثَّامِنَةُ
3	ثَلَاثَةٌ	ثَالِثٌ	(اَلسَّاعَةُ) الثَّالِثَةُ	9	تِسْعَةٌ	تَاسِعٌ	(اَلسَّاعَةُ) التَّاسِعَةُ
4	أَرْبَعَةٌ	رَابِعٌ	(اَلسَّاعَةُ) الرَّابِعَةُ	10	عَشَرَةٌ	عَاشِرٌ	(اَلسَّاعَةُ) الْعَاشِرَةُ
5	خَمْسَةٌ	خَامِسٌ	(اَلسَّاعَةُ) الْخَامِسَةُ	11			(اَلسَّاعَةُ) الْحَادِيَةَ عَشْرَةَ
6	سِتَّةٌ	سَادِسٌ	(اَلسَّاعَةُ) السَّادِسَةُ	12			(اَلسَّاعَةُ) الثَّانِيَةَ عَشْرَةَ

시간은 한 시를 제외하고 서수로 표현합니다. 서수는 형용사 역할을 하며 اَلسَّاعَة를 꾸며 주므로 정관사와 타마르부타를 붙입니다. 또 اَلسَّاعَة는 생략이 가능합니다.

짤막 회화 **02**

F مَتَى تَحْضُرُ إِلَى الشَّرِكَةِ؟

언제 회사에 출근합니까?

M أَحْضُرُ إِلَيْهَا بَعْدَ نِصْفِ سَاعَةٍ.

나는 30분 후에 출근합니다.

 مَتَى تَحْضُرُ إِلَى الشَّرِكَةِ؟

출석하다	هُوَ	هِيَ	أَنْتَ	أَنْتِ	أَنَا
완료형(과거)	حَضَرَ	حَضَرَتْ	حَضَرْتَ	حَضَرْتِ	حَضَرْتُ
미완료형(현재)	يَحْضُرُ	تَحْضُرُ	تَحْضُرُ	تَحْضُرِينَ	أَحْضُرُ

أَحْضُرُ إِلَى الْمَدْرَسَةِ. 나는 등교합니다.

 أَحْضُرُ إِلَيْهَا بَعْدَ نِصْفِ سَاعَةٍ.

- إِلَيْهَا 는 전치사 إِلَى 와 접미 대명사 هَا 가 연결된 형태입니다. ى(알리프막쑤라) 뒤에 접미 대명사가 연결될 때는 ى 가 يـ로 또 그 위에 스쿤이 붙어 يْ 가 됩니다. 접미 대명사 هَا 는 앞 문장의 여성 명사인 شَرِكَة(회사)을 받는 대명사입니다.
- نِصْفٌ은 분수 1/2로, 단수로 쓰인 سَاعَةٌ(한 시간)과 명사 연결형으로 쓰이면 '30분'이라는 뜻이 됩니다.

15분 رُبْعُ سَاعَةٍ ← 1/4 رُبْعٌ
20분 ثُلْثُ سَاعَةٍ ← 1/3 ثُلْثٌ

مَتَى 언제

شَرِكَةٌ 회사

بَعْدَ ~이후에

سَاعَةٌ 시간, 시계

F هَلْ عِنْدَكَ مَوْعِدٌ فِي الْمَسَاءِ؟

저녁에 약속이 있습니까?

M نَعَمْ، عِنْدِي مَوْعِدٌ مَعَ صَدِيقِي. سَنَلْتَقِي فِي السَّابِعَةِ وَالنِّصْفِ.

네 친구와 약속이 있습니다. 7시 30분에 만날 것입니다.

 سَنَلْتَقِي فِي السَّابِعَةِ وَالنِّصْفِ.

만나다	هُوَ	هِيَ	أَنْتَ	أَنْتِ	أَنَا
완료형(과거)	الْتَقَى	الْتَقَتْ	الْتَقَيْتَ	الْتَقَيْتِ	الْتَقَيْتُ
미완료형(현재)	يَلْتَقِي	تَلْتَقِي	تَلْتَقِي	تَلْتَقِينَ	أَلْتَقِي

نَلْتَقِي 는 '우리가 만나다'라는 뜻이며 미래 접두어인 ــَـسـ 가 있어 '우리는 만날 것이다'가 됩니다.

• 분 표현 : 15, 20, 30분은 보통 분수로 표현하고 시간 다음에 접속사 وَ와 정관사를 붙입니다. 40분과 45분도 분수로 표현하지만 부정사 إِلاَّ (~전)를 쓰고 분수를 비한정 목적격으로 씁니다. 우리의 '~시 ~분 전'과 같은 말입니다.

5분 خَمْسُ دَقَائِقَ ← 1시 5분 اَلسَّاعَةُ الْوَاحِدَةُ وَخَمْسُ دَقَائِقَ

10분 عَشْرُ دَقَائِقَ ← 2시 10분 اَلسَّاعَةُ الثَّانِيَةُ وَعَشْرُ دَقَائِقَ

15분 اَلرُّبْعُ ← 4시 15분 اَلرَّابِعَةُ وَالرُّبْعُ

20분 الثُّلْثُ ← 5시 20분 اَلْخَامِسَةُ وَالثُّلْثُ

30분 اَلنِّصْفُ ← 6시 30분 اَلسَّادِسَةُ وَالنِّصْفُ

40분 إِلاَّ ثُلْثًا ← 6시 40분 اَلسَّابِعَةُ إِلاَّ ثُلْثًا (7시 20분 전)

45분 إِلاَّ رُبْعًا ← 7시 45분 اَلثَّامِنَةُ إِلاَّ رُبْعًا (8시 15 분전)

عِنْدَكَ 당신에게 ~이 있다

مَوْعِدٌ 약속

مَسَاءٌ 저녁

صَدِيقِي 나의 친구

짤막 회화 04

F فِي أَيِّ سَاعَةٍ تَرْجِعُ إِلَى الْبَيْتِ؟

몇 시에 집으로 돌아옵니까?

M أَرْجِعُ فِي الْعَاشِرَةِ مَسَاءً.

저녁 10시에 돌아옵니다.

 فِي أَيِّ سَاعَةٍ

직역하면 '어떤 시간에'라는 뜻의 전치사구로 문장 앞에 쓰이며 의문사 역할을 합니다.

فِي أَيِّ سَاعَةٍ تَدْرُسُ اللُّغَةَ الْعَرَبِيَّةَ؟ 당신은 몇 시에 아랍어를 공부합니까?

فِي أَيِّ جَامِعَةٍ تَدْرُسُ اللُّغَةَ الْكُورِيَّةَ؟ 당신은 어느 대학에서 한국어를 공부합니까?

تَرْجِعُ 당신은 돌아온다, 그녀는 돌아온다

بَيْتٌ 집

الْعَاشِرَةُ 10시

مَسَاءً 저녁(부사)

اَلْأُمُّ   كَمِ السَّاعَةُ الْآنَ يَا سَمِيرُ؟

سَمِيرٌ   اَلسَّاعَةُ الْآنَ التَّاسِعَةُ.

اَلْأُمُّ   مَتَى تَذْهَبُ إِلَى الْجَامِعَةِ؟

سَمِيرٌ   بَعْدَ سَاعَةٍ. وَسَأَرْجِعُ إِلَى الْبَيْتِ فِي الْمَسَاءِ.

اَلْأُمُّ   هَلْ عِنْدَكَ مَوْعِدٌ؟

سَمِيرٌ   نَعَمْ، عِنْدِي مَوْعِدٌ مَعَ صَدِيقِي حَسَنٍ. سَنَلْتَقِي فِي الْخَامِسَةِ وَالثُّلْثِ.

어머니	지금 몇 시니, 사미르?
사미르	9시입니다.
어머니	학교(대학)에 언제 갈거니?
사미르	한 시간 후예요. 저녁에 귀가할 거예요.
어머니	약속이 있니?
사미르	네, 친구 하싼과 약속이 있어요. 5시 20분에 만나기로 했어요.

سَاعَةٌ	시간, 시계
بَعْدَ	~이후에
صَديقٌ	친구
حَسَنٌ	하싼(남성이름)
ثُلُثٌ	⅓

연습 문제

1 대화의 내용으로 보아 B가 출근하는 시간은?

> A فِي أَيِّ سَاعَةٍ تَحْضُرُ إِلَى الشَّرِكَةِ؟
>
> B فِي السَّاعَةِ الثَّامِنَةِ وَالنِّصْفِ.

① 7시 ② 7시 30분 ③ 8시 ④ 8시 30분 ⑤ 9시

2 그림의 시각을 가리키는 말로 알맞은 것은?

① اَلرَّابِعَةُ وَالرُّبْعُ
② اَلرَّابِعَةُ إِلاَّ رُبْعًا
③ اَلْخَامِسَةُ وَالثُّلْثُ
④ اَلْخَامِسَةُ إِلاَّ ثُلْثًا
⑤ اَلسَّادِسَةُ وَالنِّصْفُ

3 빈칸에 들어갈 말로 알맞은 것은?

> A ـــــــــــــ؟
>
> B اَلسَّاعَةُ الآنَ الْوَاحِدَةُ.

① كَمِ السَّاعَةُ الآنَ ② مَاذَا تُرِيدُ ③ بِكَمْ هَذَا
④ كَيْفَ تَذْهَبُ ⑤ مَاذَا تَدْرُسُ

4 B가 귀가하는 시각은?

> A اَلسَّاعَةُ الآنَ التَّاسِعَةُ. مَتَى تَرْجِعُ إِلَى الْبَيْتِ؟
>
> B بَعْدَ نِصْفِ سَاعَةٍ، إِنْ شَاءَ اللهُ.

① 8시 30분 ② 9시 ③ 9시 30분 ④ 10시 ⑤ 10시 30분

위치	아라비아 반도 동부
공식 명칭	아랍에미리트 연방
수도	아부다비
면적	83,600㎢
인구	약 826만 명(2010)
민족 구성	아랍 인
종교	이슬람
언어	아랍어(영어 통용)
정치 체제	7개 토후국 연방, 대통령중심제
화폐 단위	에미리트 디르함(AED)
기후	아열대 소한 기후
건국일	1971년 12월 2일
GDP	약 3,638억 달러(2011)
1인당 GDP	69,872달러(2011)
주요 자원	원유, 가스

A
G·A
19-36 G G
JEJU AIR

مَا الْيَوْمُ مِنَ الْأُسْبُوعِ؟

오늘은 무슨 요일입니까?

- 요일 어휘 익히기

- 요일 묻고 답하기

- 제안하고 동의하는 표현 익히기

F مَتَى وَصَلْتَ إِلَى كُورِيَا؟

당신은 언제 한국에 도착했습니까?

M وَصَلْتُ فِي يَوْم الْاثْنَيْنِ الْمَاضِي.

지난 월요일에 도착했습니다.

 مَتَى وَصَلْتَ إِلَى كُورِيَا؟

도착하다	هُوَ	هِيَ	أَنْتِ	أَنْتَ	أَنَا
완료형(과거)	وَصَلَ	وَصَلَتْ	وَصَلْتِ	وَصَلْتَ	وَصَلْتُ
미완료형(현재)	يَصِلُ	تَصِلُ	تَصِلِ	تَصِلِينَ	أَصِلُ

وَصَلَ 동사는 미완료형으로 활용할 때 و가 사라지며 그 자리에 미완료를 나타내는 알파벳 يَـ تَـ أ가 쓰입니다.

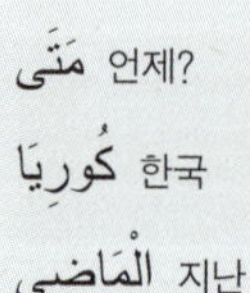 **요일**

일요일	يَوْمُ الْأَحَد
월요일	يَوْمُ الْاثْنَيْن
화요일	يَوْمُ الثَّلَاثَاء
수요일	يَوْمُ الْأَرْبِعَاء
목요일	يَوْمُ الْخَمِيس
금요일	يَوْمُ الْجُمْعَة
토요일	يَوْمُ السَّبْت

아랍 국가는 일~목요일이 주중, 금~토요일이 주말입니다. 일~목요일은 숫자로 표현되며, 금요일은 사원에 가는 '집회의 날', 토요일은 '안식의 날'로 쓰입니다.

F مَتَى سَتُغَادِرُ إِلَى بَلَدِكَ الْمَغْرِبِ؟

당신의 나라 모로코로 언제 떠납니까?

M سَأُغَادِرُ فِي يَوْمِ السَّبْتِ الْقَادِمِ.

오는 토요일에 떠날 예정입니다.

 مَتَى سَتُغَادِرُ إِلَى بَلَدِكَ الْمَغْرِبِ؟

떠나다	هُوَ	هِيَ	أَنْتِ	أَنْتَ	أَنَا
완료형(과거)	غَادَرَ	غَادَرَتْ	غَادَرْتِ	غَادَرْتَ	غَادَرْتُ
미완료형(현재)	يُغَادِرُ	تُغَادِرُ	تُغَادِرِينَ	تُغَادِرُ	أُغَادِرُ

غَادَرَ 동사는 '~로 떠날 것이다'로 표현하려면 전치사 إِلَى를 씁니다.

غَادَرَ حَسَنٌ كُورِيَا إِلَى الْأُرْدُنِّ. 하싼은 한국을 떠나 요르단으로 갔다.

سَتُغَادِرُ لَيْلَى مِصْرَ. 라일라는 이집트를 떠날 것이다.

بَلَدِكَ الْمَغْرِبِ 에서 بَلَدِكَ (당신의 조국)과 الْمَغْرِبِ (모로코)는 동격이에요.

بَلَدِكَ 당신의 나라

الْمَغْرِبُ 모로코

يَوْمُ السَّبْتِ 토요일

الْقَادِمُ 다음의, 오는

F مَا الْيَوْمُ مِنَ الْأُسْبُوعِ؟
오늘은 무슨 요일입니까?

M اَلْيَوْمُ هُوَ يَوْمُ الْخَمِيسِ.
오늘은 목요일입니다.

 مَا الْيَوْمُ مِنَ الْأُسْبُوعِ؟

직역하면 "일주일 중 오늘이 무엇입니까?"라는 뜻으로 요일을 물을 때 쓰는 표현입니다. مِنْ는 전치사 مِنْ(~로부터)입니다. 연음으로 인한 보조모음이 생성되면서 مِنَ가 됩니다. 이 문장에서는 '~ 중에'로 해석합니다.

مَا الْغَدُ مِنَ الْأُسْبُوعِ؟   내일은 무슨 요일입니까?

 اَلْيَوْمُ هُوَ يَوْمُ الْخَمِيسِ.

هُوَ는 الْيَوْمُ(오늘)을 강조하는 대명사로 '오늘은 바로'로 해석해도 되고 굳이 해석하지 않아도 됩니다.

A مَا الْيَوْمُ مِنَ الْأُسْبُوعِ؟   오늘 무슨 요일입니까?
B اَلْيَوْمُ هُوَ يَوْمُ الْجُمْعَةِ.   오늘은 (바로) 금요일입니다.

A مَا الْغَدُ مِنَ الْأُسْبُوعِ؟   내일은 무슨 요일입니까?
B يَوْمُ الْأَحَدِ.   일요일입니다.

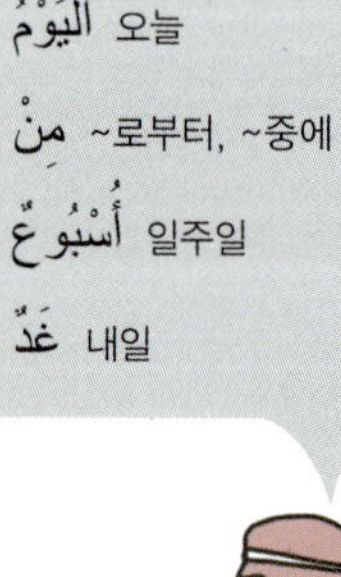

الْيَوْمُ 오늘
مِنْ ~로부터, ~중에
أُسْبُوعٌ 일주일
غَدٌ 내일

F   هَلْ نَزُورُ الْمَتْحَفَ الْوَطَنِيَّ مَعًا غَدًا؟

우리 내일 함께 국립 박물관 방문할까요?

M   حَسَنًا، نَلْتَقِي عِنْدَ مَحَطَّةِ الْمِتْرُو فِي الْعَاشِرَةِ صَبَاحًا.

좋습니다. 오전 10시에 지하철역에서 만납시다.

هَلْ نَزُورُ الْمَتْحَفَ الْوَطَنِيَّ مَعًا غَدًا؟

방문하다	هُوَ	هِيَ	أَنْتَ	أَنْتِ	أَنَا
완료형(과거)	زَارَ	زَارَتْ	زُرْتَ	زُرْتِ	زُرْتُ
미완료형(현재)	يَزُورُ	تَزُورُ	تَزُورُ	تَزُورِينَ	أَزُورُ

زَارَ 동사에는 전치사 없이 방문지가 목적어로 나옵니다.

عِنْدَ

'~에게 있다'라는 소유의 의미도 있지만 '~에서'의 뜻을 갖기도 합니다.

الْمَتْحَفُ الْوَطَنِيُّ
국립 박물관

مَعًا 함께

غَدًا 내일(부사)

حَسَنًا 좋습니다

نَلْتَقِي 우리가 만나다

مَحَطَّةُ الْمِتْرُو 지하철역

الْعَاشِرَةُ 10시

صَبَاحًا 오전(부사)

سُوجِي   مَتَى وَصَلْتَ إِلَى كُورِيَا؟

سَالِمٌ   وَصَلْتُ فِي يَوْمِ الِاثْنَيْنِ الْمَاضِي.

سُوجِي   مَتَى سَتُغَادِرُ إِلَى بَلَدِكَ الْمَغْرِبِ؟

سَالِمٌ   سَأُغَادِرُ فِي يَوْمِ السَّبْتِ الْقَادِمِ.

سُوجِي   مَا الْيَوْمُ مِنَ الْأُسْبُوعِ؟

سَالِمٌ   اَلْيَوْمُ هُوَ يَوْمُ الْخَمِيسِ. هَلْ نَزُورُ الْمَتْحَفَ الْوَطَنِيَّ مَعًا غَدًا؟

سُوجِي   حَسَنًا، إِذَنْ نَلْتَقِي عِنْدَ مَحَطَّةِ الْمِتْرُو فِي الْعَاشِرَةِ صَبَاحًا.

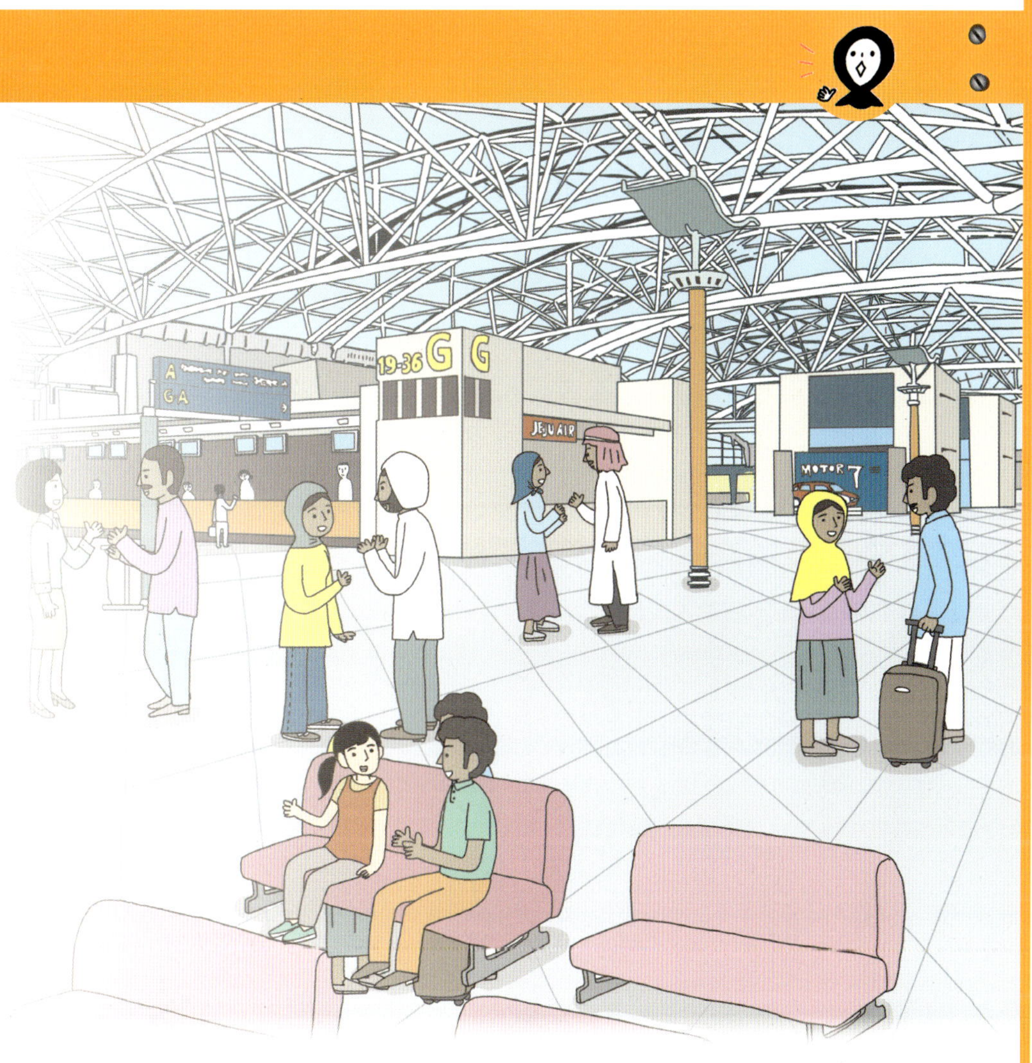

<table>
<tr><td>수지</td><td>언제 한국에 도착했니?</td></tr>
<tr><td>쌀림</td><td>지난 월요일에 도착했어.</td></tr>
<tr><td>수지</td><td>언제 너의 나라 모로코로 떠날 거니?</td></tr>
<tr><td>쌀림</td><td>오는 토요일에 떠날 거야.</td></tr>
<tr><td>수지</td><td>오늘 무슨 요일이지?</td></tr>
<tr><td>쌀림</td><td>오늘 목요일이야. 우리 내일 함께 국립 박물관 방문할래?</td></tr>
<tr><td>수지</td><td>좋아, 그럼 오전 10시에 지하철역에서 만나.</td></tr>
</table>

اَلْمَغْرِب	모로코
اَلْمَاضِي	지난
اَلْقَادِم	오는, 다음의
أُسْبُوع	일주일
إِذَن	그러면
مَحَطَّة	역
مِتْرُو	지하철

연습 문제

1 빈칸에 들어갈 말로 알맞은 것만을 보기에서 있는 대로 고른 것은?

A   مَتَى سَتُغَادِرُ إِلَى بَلَدِكَ؟

B   سَأُغَادِرُ ________ ، إِنْ شَاءَ الله.

Ⓒ غَدًا   Ⓑ يَوْمَ السَّبْتِ الْقَادِمَ   Ⓐ أَمْسِ

① Ⓐ,Ⓑ   ② Ⓐ,Ⓒ   ③ Ⓑ
④ Ⓑ,Ⓒ   ⑤ Ⓐ,Ⓑ,Ⓒ

2 빈칸에 들어갈 말로 알맞은 것은?

A   مَا الْيَوْمُ مِنَ ________؟

B   اَلْيَوْمُ هُوَ يَوْمُ الْخَمِيسِ.

① الأُسْبُوع   ② الأُسْرَة   ③ الأُسْتَاذ   ④ الاسْم   ⑤ الأَلَم

3 대화의 내용으로 보아 B가 도착한 요일은?

A   هَلْ وَصَلْتَ إِلَى سُورِيَا فِي يَوْمِ الأَحَدِ الْمَاضِي؟

B   لَا، وَصَلْتُ فِي يَوْمِ الاثْنَيْنِ الْمَاضِي.

① 일요일   ② 월요일   ③ 화요일   ④ 수요일   ⑤ 목요일

4 대화의 내용으로 보아 B의 의도는?

A   هَلْ نَذْهَبُ إِلَى الْمَكْتَبَةِ غَدًا مَعًا؟

B   طَيِّبٌ، إِذَنْ نَلْتَقِي عِنْدَ مَحَطَّةِ الأُوتُوبِيس.

① 축하   ② 감사   ③ 양해   ④ 거절   ⑤ 동의

이슬람의 3대 성지

1) 메카 مَكَّةُ الْمُكَرَّمَةُ

메카

사우디아라비아에 있는 이슬람 최대 성지 중 하나이다. 메카는 이슬람 도래 이전부터 교역의 중심지로 아라비아 반도에서 가장 번성했던 도시이다. 또한 이슬람이 출현한 도시이기도 하다.

무슬림이 예배를 드릴 때 향하는 곳이며 평생에 한 번은 다녀와야 하는 순례지가 바로 메카이다.

2) 메디나 اَلْمَدِينَةُ الْمُنَوَّرَةُ

메디나

메카의 북방 340㎢에 위치하며 무슬림들에게는 제2의 성지로 옛 이름은 '야쓰리브 يَثْرِب'이다. 662년 사도 무함마드가 박해를 피해 메카에서 메디나로 성천(히즈라 اَلْهِجْرَة)하면서 이슬람의 정치, 교단의 활동 무대가 되었다.

무함마드 사후에도 제4대 칼리파 알리가 이라크 쿠파로 수도를 옮길 때 까지 수도였다. 또 사도 무함마드와 제1대 칼리파 아부 바크르, 제2대 칼리파 오마르의 묘가 있는 성역이므로 늘 순례자들이 붐비는 곳이다.

3) 예루살렘 اَلْقُدْسُ

알-아끄사 사원

예루살렘은 알-아끄사 사원이 있는 이슬람의 세 번째 성지이다. 사도 무함마드가 예루살렘을 방문하고 그곳에서 승천하여 하나님과 여러 예언자들을 만나고 왔다고 전해진다. 이곳은 이슬람 이전 유대교와 기독교의 성지이기도 하다.

황금의 돔 사원

PART 16

مَاذَا تَفْعَلُ فِي يَوْمِ الْعُطْلَةِ؟

휴일에 무엇을 할 예정입니까?

- 여가 활동에 대해 묻고 대답하기

- 다양한 동사 익히기

- 승낙할 때 표현 익히기

M مَاذَا سَتَفْعَلِينَ فِي يَوْمِ الْعُطْلَةِ؟

당신은 휴일에 무엇을 할 것입니까?

F سَأَسْبَحُ فِي الْبَحْرِ وَسَأَرْكَبُ الْقَارِبَ.

바다에서 수영하고 보트를 탈 예정입니다.

سَأَسْبَحُ فِي الْبَحْرِ وَسَأَرْكَبُ الْقَارِبَ.

수영하다	هُوَ	هِيَ	أَنْتَ	أَنْتِ	أَنَا
완료형(과거)	سَبَحَ	سَبَحَتْ	سَبَحْتَ	سَبَحْتِ	سَبَحْتُ
미완료형(현재)	يَسْبَحُ	تَسْبَحُ	تَسْبَحُ	تَسْبَحِينَ	أَسْبَحُ

타다	هُوَ	هِيَ	أَنْتَ	أَنْتِ	أَنَا
완료형(과거)	رَكِبَ	رَكِبَتْ	رَكِبْتَ	رَكِبْتِ	رَكِبْتُ
미완료형(현재)	يَرْكَبُ	تَرْكَبُ	تَرْكَبُ	تَرْكَبِينَ	أَرْكَبُ

سَتَفْعَلِينَ 당신(남성)은, 그녀는 할 것이다

يَوْمُ الْعُطْلَةِ 휴일

بَحْرٌ 바다

قَارِبٌ 보트

F كَيْفَ تَقْضِي يَوْمَ الْأَحَد عَادَةً؟

당신은 보통 일요일을 어떻게 보냅니까?

M أُسَاعِدُ أَبِي وَأُمِّي فِي الْبَيْتِ.

집에서 아버지와 어머니를 도와드립니다.

 كَيْفَ تَقْضِي يَوْمَ الْأَحَد عَادَةً؟

시간을 보내다	هُوَ	هِيَ	أَنْتَ	أَنْتِ	أَنَا
완료형(과거)	قَضَى	قَضَت	قَضَيْتَ	قَضَيْتِ	قَضَيْتُ
미완료형(현재)	يَقْضِي	تَقْضِي	تَقْضِي	تَقْضِينَ	أَقْضِي

قَضَى 는 '(시간)을 보내다'라는 뜻으로 방학, 휴일 등 시간에 관련된 단어가 목적어로 나옵니다.

 أُسَاعِدُ أَبِي وَأُمِّي فِي الْبَيْتِ.

돕다	هُوَ	هِيَ	أَنْتَ	أَنْتِ	أَنَا
완료형(과거)	سَاعَدَ	سَاعَدَت	سَاعَدْتَ	سَاعَدْتِ	سَاعَدْتُ
미완료형(현재)	يُسَاعِدُ	تُسَاعِدُ	تُسَاعِدُ	تُسَاعِدِينَ	أُسَاعِدُ

كَيْفَ	어떻게?
يَوْمُ الْأَحَد	일요일
عَادَةً	일반적으로, 보통
أَبّ	아버지
أُمّ	어머니
بَيْتّ	집

F كَيْفَ تُسَاعِدُ أَبَاكَ وَأُمَّكَ؟

당신의 아버지와 어머니를 어떻게 도와드립니까?

M أَغْسِلُ السَّيَّارَةَ وَأُنَظِّفُ الْبَيْتَ وَأَطْبُخُ الطَّعَامَ.

세차하고 집을 청소하고 음식을 요리합니다.

كَيْفَ تُسَاعِدُ أَبَاكَ وَأُمَّكَ؟

أَبّ 아버지는 2, 3인칭 접미 인칭 대명사 및 명사가 연결되면 장모음이 삽입됩니다.

أَبّ + كَ ←أَبُوكَ / أَبَا + كَ ←أَبَاكَ / أَبِ + كَ ←أَبِيكَ

أَغْسِلُ السَّيَّارَةَ وَأُنَظِّفُ الْبَيْتَ وَأَطْبُخُ الطَّعَامَ.

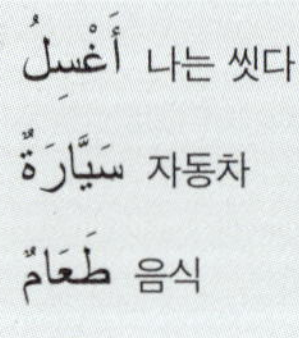

أَغْسِلُ 나는 씻다

سَيَّارَةٌ 자동차

طَعَامٌ 음식

청소하다	هُوَ	هِيَ	أَنْتَ	أَنْتِ	أَنَا
완료형(과거)	نَظَّفَ	نَظَّفَتْ	نَظَّفْتَ	نَظَّفْتِ	نَظَّفْتُ
미완료형(현재)	يُنَظِّفُ	تُنَظِّفُ	تُنَظِّفُ	تُنَظِّفِينَ	أُنَظِّفُ

요리하다	هُوَ	هِيَ	أَنْتَ	أَنْتِ	أَنَا
완료형(과거)	طَبَخَ	طَبَخَتْ	طَبَخْتَ	طَبَخْتِ	طَبَخْتُ
미완료형(현재)	يَطْبُخُ	تَطْبُخُ	تَطْبُخُ	تَطْبُخِينَ	أَطْبُخُ

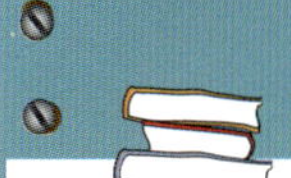

짤막 회화 04

F هَلْ يُمْكِنُ أَنْ تُسَاعِدَنِي فِي يَوْمِ الْجُمْعَةِ الْقَادِمِ؟

오는 금요일에 나를 도와줄 수 있습니까?

M بِكُلِّ سُرُورٍ.

기꺼이.

هَلْ يُمْكِنُ أَنْ تُسَاعِدَنِي فِي يَوْمِ الْجُمْعَةِ الْقَادِمِ؟

يُمْكِنُ 은 '~을 할 수 있다'의 뜻입니다. 주어가 1인칭이든 3인칭이든 يُمْكِنُ 는 변하지 않고 أَنْ 뒤의 동사에서 표현합니다. 또 의미상 주어를 يُمْكِنُ 뒤에 접미 인칭 대명사로 연결할 수도 있습니다.

يُمْكِنُ (يُمْكِنُنِي) أَنْ أَذْهَبَ إِلَى الْجَامِعَةِ عَلَى الْقَدَمِ.

나는 걸어서 대학교로 갈 수 있다.

يُمْكِنُ (يُمْكِنُكَ) أَنْ تَسْبَحَ فِي الْبَحْرِ.

당신(남)은 바다에서 수영할 수 있다.

بِكُلِّ سُرُورٍ.

직역하면 '모든 기쁨으로'라는 뜻으로 흔쾌히 승낙할 때 쓰입니다.

تُسَاعِدَنِي 당신(남성)은 나를 돕는다

يَوْمُ الْجُمْعَةِ 금요일

قَادِمٌ 오는, 다음의

جَامِعَةٌ 대학교

عَلَى الْقَدَمِ 걸어서

تَسْبَحَ 당신(남성), 그녀가 수영하다

بَحْرٌ 바다

실전 회화

حَسَنْ   مَاذَا سَتَفْعَلِينَ فِي يَوْمِ الْعُطْلَةِ؟

سُومِي   سَأَسْبَحُ فِي الْبَحْرِ وَسَأَرْكَبُ الْقَارِبَ.

       كَيْفَ تَقْضِي يَوْمَ الْأَحَدِ عَادَةً؟

حَسَنْ   أُسَاعِدُ أَبِي وَأُمِّي فِي الْبَيْتِ.

سُومِي   كَيْفَ تُسَاعِدُ أَبَاكَ وَأُمَّكَ؟

حَسَنْ   أَغْسِلُ السَّيَّارَةَ وَأُنَظِّفُ الْبَيْتَ وَأَطْبُخُ الطَّعَامَ.

하싼	너는 휴일에 무엇을 할 거니?
수미	나는 바다에서 수영하고 보트를 탈 거야.
	너는 보통 일요일을 어떻게 보내니?
하싼	집에서 아버지와 어머니를 도와드려.
수미	어떻게 아버지와 어머니를 도와드리니?
하싼	세차를 하고 집을 청소하고 음식을 요리해.

عُطْلَة	방학, 휴일
بَحْر	바다
قَارِب	보트

아랍어의 수

아랍어의 수는 단수, 쌍수(양수), 복수로 이루어져 있습니다. 다른 언어와는 달리 둘을 표현하는 쌍수(양수)라는 것이 있다는 점이 특징입니다.

단수는 단어 그 자체로 단수이기 때문에 특별히 숫자를 쓸 필요는 없지만 강조하고 싶다면 숫자를 뒤에서 수식하는 형태로 표현합니다.

학생 한 명 طَالِبٌ = طَالِبٌ وَاحِدٌ

여선생님 한 명 مُدَرِّسَةٌ = مُدَرِّسَةٌ وَاحِدَةٌ

한 달 شَهْرٌ = شَهْرٌ وَاحِدٌ

한 시간 سَاعَةٌ = سَاعَةٌ وَاحِدَةٌ

쌍수는 단어 뒤에 ـَانِ (주격), ـَيْنِ (목적격, 소유격)을 연결합니다. 그 자체로 둘을 뜻하기 때문에 숫자는 쓰지 않아도 되지만 강조하고 싶다면 뒤에서 수식합니다.

학생 2명 طَالِبَانِ = طَالِبَانِ اثْنَانِ

여선생님 2명 مُدَرِّسَتَانِ = مُدَرِّسَتَانِ اثْنَتَانِ

두 달 شَهْرَانِ = شَهْرَانِ اثْنَانِ

두 시간 سَاعَتَانِ = سَاعَتَانِ اثْنَتَانِ

두 달 후 بَعْدَ شَهْرَيْنِ

두 시간 전 قَبْلَ سَاعَتَيْنِ

복수는 셋 이상의 단어를 표현할 때 씁니다. 복수는 규칙 복수와 불규칙 복수가 있습니다.

• 규칙 복수

		주격				목적격/소유격	
남성	ـُونَ	مُدَرِّسُونَ	선생님들은	ـِينَ	مُدَرِّسِينَ	선생님들을, 의
		كُورِيُّونَ	한국인들은		كُورِيِّينَ	한국인들을, 의
여성	ـَاتُ	طَالِبَاتُ	여학생들은	ـَاتِ	طَالِبَاتِ	여학생들을, 의
		مُهَنْدِسَاتُ	여기술자들은		مُهَنْدِسَاتِ	여기술자들을, 의

• 불규칙 복수

뜻	단수	복수	뜻	단수	복수
학생	طَالِبٌ	طُلَّابٌ	피라미드	هَرَمٌ	أَهْرَامٌ
장소	مَكَانٌ	أَمَاكِنُ	펜, 연필	قَلَمٌ	أَقْلَامٌ
외국인	أَجْنَبِيٌّ	أَجَانِبُ	일, 날	يَوْمٌ	أَيَّامٌ

뜻	단수	복수		뜻	단수	복수
디나르	دِينَارٌ	دَنَانِيرُ		유물, 유적	أَثَرٌ	آثَارٌ
분	دَقِيقَةٌ	دَقَائِقُ		질문	سُؤَالٌ	أَسْئِلَةٌ
의자	كُرْسِيٌّ	كَرَاسٍ		음식	طَعَامٌ	أَطْعِمَةٌ
책	كِتَابٌ	كُتُبٌ		신발	حِذَاءٌ	أَحْذِيَةٌ
도시	مَدِينَةٌ	مُدُنٌ		약	دَوَاءٌ	أَدْوِيَةٌ
산	جَبَلٌ	جِبَالٌ		친구	صَدِيقٌ	أَصْدِقَاءُ
국가	بَلَدٌ	بِلَادٌ		교실, 계절	فَصْلٌ	فُصُولٌ
국가	دَوْلَةٌ	دُوَلٌ				

- 사물의 복수는 여성 단수 취급합니다.

큰 산 جَبَلٌ كَبِيرٌ → 큰 산들 جِبَالٌ كَبِيرَةٌ

아름다운 도시 مَدِينَةٌ جَمِيلَةٌ → 아름다운 도시들 مُدُنٌ جَمِيلَةٌ

- 동사도 단수, 쌍수(양수), 복수가 있지만 주어 앞에 올 때는 주어와 '성'만 일치시킵니다.

한국인들은 김치를 먹는다. يَأْكُلُ الْكُورِيُّونَ الْكِيمْتْشِي.

학생들이 아랍어를 공부한다. يَدْرُسُ الطُّلَّابُ اللُّغَةَ الْعَرَبِيَّةَ.

- 셋 이상을 나타내는 복수를 표현할 때는 숫자를 이용합니다. 숫자 3~10을 앞에 두고 복수 소유격 형태의 명사를 뒤에서 연결합니다. 숫자의 성은 뒤따르는 명사의 단수의 성에 일치시킵니다.

숫자	남	적용		여	적용	
٣	ثَلَاثَةٌ	ثَلَاثَةُ أَقْلَام	펜 3자루	ثَلَاثُ	ثَلَاثُ طَالِبَات	여학생 3명
٤	أَرْبَعَةٌ	أَرْبَعَةُ كُتُب	책 4권	أَرْبَعُ	أَرْبَعُ سَيَّارَات	자동차 4대
٥	خَمْسَةٌ	خَمْسَةُ مُدَرِّسِين	선생님 5명	خَمْسُ	خَمْسُ طَبِيبَات	여의사 5명
٦	سِتَّةٌ	سِتَّةُ أَهْرَام	피라미드 6개	سِتُّ	سِتُّ مُدُن	도시 6곳
٧	سَبْعَةٌ	سَبْعَةُ دَنَانِير	7디나르	سَبْعُ	سَبْعُ أَسْوَاقٍ	시장 7곳
٨	ثَمَانِيَةٌ	ثَمَانِيَةُ أَصْدِقَاءَ	친구 8명	ثَمَانِ	ثَمَانِي لُبْنَانِيَّات	레바논 여성 8명
٩	تِسْعَةٌ	تِسْعَةُ طُلَّاب	학생 9명	تِسْعُ	تِسْعُ دُوَلٍ	국가 9개
١٠	عَشَرَةٌ	عَشَرَةُ بِلَادٍ	국가 10개	عَشْرُ	عَشْرُ دَقَائِقَ	10분

연습 문제

1 빈칸에 들어갈 말로 알맞은 것은?

> A كَيْفَ ________ أُمَّكِ، يَا سَمِيرَةُ؟
>
> B أَطْبُخُ طَعَامًا.

① يُسَاعِدُ ② تُسَاعِدُ ③ تُسَاعِدِينَ ④ أُسَاعِدُ ⑤ نُسَاعِدُ

2 빈칸에 들어갈 말로 알맞은 것은?

> A كَيْفَ تُسَاعِدُ ________ عَادَةً؟
>
> B أَغْسِلُ سَيَّارَتَهُ.

① أَبُوكَ ② أَبَاكَ ③ أَبُكَ ④ أَبَكَ ⑤ أَبِيكَ

3 대화의 내용으로 보아 B의 의도는?

> A هَلْ يُمْكِنُكَ أَنْ تُسَاعِدَنِي غَدًا؟
>
> B بِكُلِّ سُرُورٍ.

① 승낙 ② 거절 ③ 감사 ④ 축하 ⑤ 제안

4 빈칸에 들어갈 말로 알맞은 것은?

> A كَيْفَ تَقْضِي فِي يَوْمِ الأَحَدِ عَادَةً؟
>
> B ________ الْبَيْتَ.

① أَسْبَحُ ② أَدْرُسُ ③ أُشَاهِدُ ④ أَقْرَأُ ⑤ أُنَظِّفُ

الْكُوَيْت 쿠웨이트

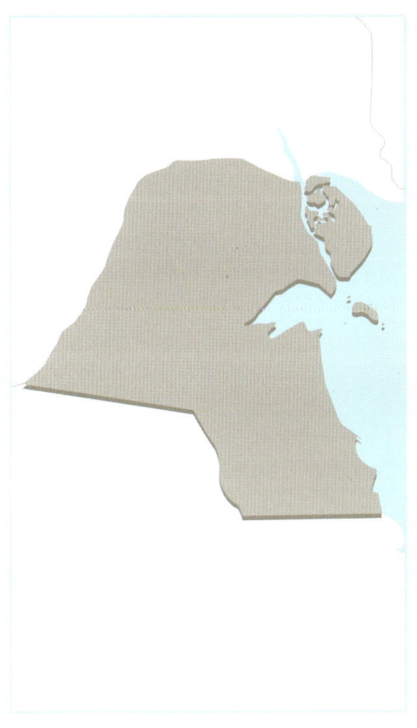

위치	아라비아 반도
공식 명칭	쿠웨이트
수도	쿠웨이트 시
면적	17,820㎢
인구	약 357만 명(2010)
민족 구성	아랍 인 80%
종교	이슬람 85%, 기독교, 힌두교 등
언어	아랍어(영어 통용)
정치 체제	입헌군주제
화폐 단위	쿠웨이트 디나르(KWD)
기후	열대성 사막 기후
건국일	1961년 6월 19일
GDP	1,728억 달러(2011)
1인당 GDP	39,497달러(2011)
주요 자원	석유

GATE
NAM DAE MUN MARKET
南大門市場
남대문시장
관광안내
観光案内
관광안내
観光案内
WELCOME TO
KOREA
☎ 000 - 0000
WELCOME TO
KOREA
TOUR

مَا هِيَ الْأَمَاكِنُ السِّيَاحِيَّةُ الْمَشْهُورَةُ فِي كُورِيَا؟

한국의 유명한 관광지는 무엇입니까?

- 한국의 유명 관광지 단어 익히기
- 관광지 소개 표현 익히기
- كَثِيرٌ مِنْ 의 용법
- 월일 표현 익히기

M مَا هِيَ الْأَمَاكِنُ السِّيَاحِيَّةُ الْمَشْهُورَةُ فِي كُورِيَا؟

한국에서 유명한 관광지는 무엇입니까?

F هِيَ الْمَتْحَفُ الْوَطَنِيُّ وَالسُّوقُ الشَّعْبِيَّةُ وَجَزِيرَةُ جِي جُو وَالْقَرْيَةُ التَّقْلِيدِيَّةُ.

국립 박물관과 재래시장, 제주도, 민속촌이 있습니다.

 مَا هِيَ الْأَمَاكِنُ السِّيَاحِيَّةُ الْمَشْهُورَةُ فِي كُورِيَا؟

هِيَ 는 '그녀'라기 보다 강조하는 대명사입니다. أَمَاكِن 는 مَكَانٌ 장소의 불규칙 복수예요. 사물의 복수는 여성 단수 취급하기 때문에 뒤에서 수식하는 형용사들에도 ة 타마르부타 가 붙어 있습니다.

أَمَاكِنُ	장소들
سِيَاحِيُّ	관광의
مَشْهُورٌ	유명한
مَتْحَفٌ وَطَنِيٌّ	국립 박물관
سُوقٌ	시장
شَعْبِيُّ	서민의
جَزِيرَةٌ	섬
جَزِيرَةُ جِي جُو	제주도
قَرْيَةٌ	촌, 동네, 시골
تَقْلِيدٌ	전통

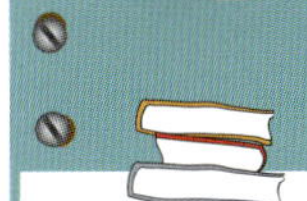

M ذَهَبْتُ إِلَى السُّوقِ الشَّعْبِيَّةِ. اِسْمُهَا "نَامْ دَاي مُون".

재래시장에 갔습니다. 그 시장의 이름은 남대문입니다.

F هِيَ مِنَ الْأَسْوَاقِ الشَّعْبِيَّةِ الْمَشْهُورَةِ.

그것은 유명한 재래시장들 중 하나입니다.

 ذَهَبْتُ إِلَى السُّوقِ الشَّعْبِيَّةِ. اِسْمُهَا "نَامْ دَاي مُون".

سُوقٌ(시장)은 관습상 여성 명사로 취급하기 때문에 수식하는 형용사도 여성형으로 일치 시킵니다.

اِسْمُهَا의 هَا는 3인칭 여성 접미 인칭 대명사(그녀의)로 사물을 대신해서도 쓰이는 대명사입니다.

سُوقٌ은 사물이므로 3인칭이고 여성 명사이므로 3인칭 여성 대명사로 받아줍니다.

 هِيَ مِنَ الْأَسْوَاقِ الشَّعْبِيَّةِ الْمَشْهُورَةِ.

전치사 مِنْ은 '~으로부터'의 뜻도 있지만 '~중 하나'의 의미도 있습니다.

أَسْوَاقٌ은 سُوقٌ(시장)의 불규칙 복수이며, 사물의 복수이므로 여성 단수 취급합니다.

اِسْمٌ 이름

سُوقٌ 시장

شَعْبِيٌّ 서민의, 재래의

مَشْهُورٌ 유명한

M هُنَاكَ مَحَلَّاتٌ كَثِيرَةٌ. اِشْتَرَيْتُ أَحْذِيَةً لِأُسْرَتِي وَأَصْدِقَائِي.

그곳에는 많은 상점들이 있습니다. 나는 가족과 친구를 위한 신발을 샀습니다.

F يَشْتَرِي كَثِيرٌ مِنَ الْأَجَانِب هَدَايَا مِنْ هَذِهِ السُّوقِ.

많은 외국인들이 이 시장에서 선물을 삽니다.

هُنَاكَ مَحَلَّاتٌ كَثِيرَةٌ.

- 부사어 هُنَاكَ 는 '저기에'의 의미를 가집니다. 주어가 비한정일 때 도치되며 술어 역할을 합니다.
- مَحَلَّاتٌ은 مَحَلٌّ (상점)의 복수형입니다. 사물의 복수이니 여성 단수 취급합니다.

اِشْتَرَيْتُ أَحْذِيَةً لِأُسْرَتِي وَأَصْدِقَائِي.

- أَحْذِيَةٌ은 حِذَاءٌ (신발)의 불규칙 복수, أَصْدِقَاءُ는 صَدِيقٌ (친구)의 불규칙 복수입니다.

يَشْتَرِي كَثِيرٌ مِنَ الْأَجَانِب هَدَايَا مِنْ هَذِهِ السُّوقِ.

- كَثِيرٌ مِنْ~는 '~가 많은'의 의미로 '많은 ~'로 표현할 때 씁니다. 전치사 مِنْ 다음에는 한정 복수 소유격의 명사가 연결됩니다. كَثِيرٌ은 보통 비한정으로 씁니다.

كَثِيرٌ مِنَ الطُّلَّاب 많은 학생들

كَثِيرٌ مِنَ الْأَهْرَام 많은 피라미드들

كَثِيرٌ مِنَ الْأَمَاكِن 많은 장소들

- أَجَانِب는 أَجْنَبِيٌّ (외국인)의 불규칙 복수입니다.
- هَدَايَا 는 هَدِيَّةٌ (선물)의 불규칙 복수입니다. 알리프 ا로 끝나는 단어는 전치사 뒤에 오더라도 소유격 형태로 바뀌지 않습니다.

كَثِيرٌ 많은
اِشْتَرَيْتُ 내가 샀다
أُسْرَةٌ 가족
أَصْدِقَاءُ 친구들
يَشْتَرِي 그가 산다
سُوقٌ 시장

짤막 회화 04

F مَتَى تُغَادِرُ إِلَى بَلَدِكَ؟

언제 당신의 나라로 떠납니까?

M سَأُغَادِرُ فِي التَّاسِعِ مِنْ شَهْرِ مَايُو.

나는 5월 9일에 떠날 겁니다.

 ## 월 이름

사우디아라비아, 모로코, 리비아, 튀니지와 알제리는 다른 월 이름을 사용합니다. 아랍 국가마다 다르지만 이집트 등에서 쓰이는 영어 명칭은 대부분의 아랍 국가에서 통용됩니다.

	이집트, 수단, 예멘, 걸프국가	이라크, 시리아, 레바논, 요르단, 팔레스타인		이집트, 수단, 예멘, 걸프국가	이라크, 시리아, 레바논, 요르단, 팔레스타인
1월	يَنَايِر	كَانُونُ الثَّانِي	7월	يُولْيُو	تَمُّوزٌ
2월	فِبْرَايِر	شُبَاطٌ	8월	أُغُسْطُس	آبُ
3월	مَارِس	آذَارٌ	9월	سِبْتَمْبِر	أَيْلُونٌ
4월	أَبْرِيل	نِيسَانٌ	10월	أُكْتُوبِر	تِشْرِينُ الْأَوَّلُ
5월	مَايُو	أَيَّارٌ	11월	نُوفَمْبِر	تِشْرِينُ الثَّانِي
6월	يُونْيُو	حَزِيرَانٌ	12월	دِيسَمْبِر	كَانُونُ الْأَوَّلُ

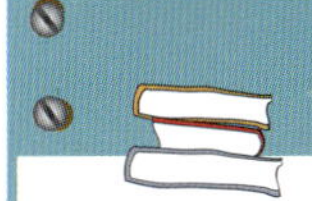

 ## 날짜

시간과 마찬가지로 서수를 이용해 '(اَلْيَوْمُ)'를 수식합니다. 일은 생략 가능 합니다.

1일	(اَلْيَوْمُ) الْأَوَّلُ	6일	(اَلْيَوْمُ) السَّادِسُ
2일	(اَلْيَوْمُ) الثَّانِي	7일	(اَلْيَوْمُ) السَّابِعُ
3일	(اَلْيَوْمُ) الثَّالِثُ	8일	(اَلْيَوْمُ) الثَّامِنُ
4일	(اَلْيَوْمُ) الرَّابِعُ	9일	(اَلْيَوْمُ) التَّاسِعُ
5일	(اَلْيَوْمُ) الْخَامِسُ	10일	(اَلْيَوْمُ) الْعَاشِرُ

• 월일 표현 : 월 이름 مِنْ 날짜

4월 6일 اَلسَّادِسُ مِنْ أَبْرِيل / 1월 9일 التَّاسِعُ مِنْ شَهْرِ يَنَايِر / 5월 3일 اَلْيَوْمُ الثَّالِثُ مِنْ شَهْرِ مَايُو

زَيْنَب: مَا هِيَ الْأَمَاكِنُ السِّيَاحِيَّةُ الْمَشْهُورَةُ فِي كُورِيَا؟

أَمِيرٌ: هِيَ الْمَتْحَفُ الْوَطَنِيُّ وَالسُّوقُ الشَّعْبِيَّةُ وَجَزِيرَةُ جِي جُو وَالْقَرْيَةُ التَّقْلِيدِيَّةُ.

اِسْمُ السُّوقِ الشَّعْبِيَّةِ «نَامْ دَاي مُون».

هُنَاكَ مَحَلَّاتٌ كَثِيرَةٌ. اِشْتَرَيْتُ أَحْذِيَةً لِأُسْرَتِي وَأَصْدِقَائِي.

يَشْتَرِي كَثِيرٌ مِنَ الْأَجَانِبِ هَدَايَا مِنْ هَذِهِ السُّوقِ.

زَيْنَب: مَتَى تُغَادِرُ إِلَى بَلَدِكَ؟

أَمِيرٌ: سَأُغَادِرُ فِي التَّاسِعِ مِنْ شَهْرِ مَايُو.

자이납　한국에서 유명한 관광지는 무엇이에요?

아미르　국립 박물관, 재래시장, 제주도, 민속촌이 있어요.

　　　　재래시장의 이름은 남대문이에요.

　　　　그곳에는 많은 상점들이 있어요.

　　　　나는 가족과 친구들에게 줄 신발을 샀어요.

　　　　많은 외국인이 이 시장에서 선물을 사요.

자이납　언제 당신의 나라로 떠나나요?

아미르　5월 9일에 떠날 겁니다.

أَمَاكِنْ	장소(مَكَانٌ)의 복수
سِيَاحِيّ	관광의
مَشْهُورٌ	유명한
شَعْبِيّ	대중적인, 서민의
قَرْيَةٌ	촌, 시골, 동네
تَقْلِيدِيّ	전통적인
مَحَلَّات	상점(مَحَلّ)의 복수
أَحْذِيَةٌ	신발(حِذَاءٌ)의 복수
أَصْدِقَاءُ	친구(صَدِيقٌ)의 복수
أَجَانِب	외국인(أَجْنَبِيّ)의 복수
هَدَايَا	선물(هَدِيَّةٌ)의 복수
بَلَدٌ	나라, 국가
شَهْرٌ	달, 월

연습 문제

1 빈칸에 들어갈 말로 알맞은 것은?

A مَا هِيَ الْأَمَاكِنُ ________ الْمَشْهُورَةُ فِي كُورِيَا؟

B هِيَ جَزِيرَةُ "جي جُو" وَالْمَتْحَفُ الْوَطَنِيُّ.

① سِيَاحِيٌّ   ② سِيَاحِيًّا   ③ سِيَاحِيَّةٌ   ④ اَلسِّيَاحِيَّةُ   ⑤ اَلسِّيَاحِيَّةِ

2 글의 내용으로 보아 مُحَمَّدٌ이 방문하지 않은 곳은?

زَارَ مُحَمَّدٌ الْمَتْحَفَ الْوَطَنِيَّ وَسُوقَ "نَامْ دَاي مُونْ" وَالْقَرْيَةَ التَّقْلِيدِيَّةَ وَجَزِيرَةَ "جي جُو".

① 남대문 시장   ② 한강   ③ 박물관   ④ 민속촌   ⑤ 제주도

3 빈칸에 들어갈 말로 알맞은 것은?

A مَاذَا يَأْكُلُ الْكُورِيُّونَ عَادَةً؟

B يَأْكُلُ كَثِيرٌ مِنَ ________ الْأُرْزَ وَالْكِيمْتْشِي.

① الْكُورِيِّينَ   ② الْكُورِيُّونَ   ③ كُورِيِّينَ   ④ كُورِيُّونَ   ⑤ كُورِيَا

4 B가 떠나는 날짜를 바르게 표현한 것은?

A هَلْ تُغَادِرُ إِلَى بَلَدِكَ فِي يَوْمِ الْخَمِيسِ الْقَادِمِ؟

B نَعَمْ، اَلْيَوْمُ الرَّابِعُ مِنْ أُكْتُوبِرَ.

① 9월 4일   ② 9월 7일   ③ 10월 4일   ④ 10월 7일   ⑤ 10월 10일

رَمَضَان 라마단

　　이슬람력의 9월이다. 대천사 가브리엘이 무함마드에게 꾸란 اَلْقُرْآن 을 읊게 한 신성한 달로 여겨진다. 무슬림은 이 기간에 해가 뜨고 질 때까지 음식, 음료를 섭취하지 못하고 흡연, 성교도 하지 못한다. 단, 장거리 여행자나, 어린이, 임산부, 병자 등은 예외이다. 라마단 기간 중에는 이슬람 신자가 아닌 외국인이라도 금식하는 사람들 앞에서 먹거나 마시는 것은 예의에 어긋나므로 외국인들이 먹거나 마시려면 금식하는 사람들 앞에서 떨어져야 한다.

　　금식은 신자들에게 인내와 자제력을 가르치고 소외된 사람들을 되돌아보게 하는 목적을 가지고 있다. 금식은 또한 신에 대한 순종을 나타내는 행위이다. 금식의 계율을 충실히 지킴으로써 개인적인 과실과 악행을 속죄하고 천국에 이르기 위해 노력하는 것이다. 금식 기간은 신앙을 공고히 할 수 있는 시간이 된다.

　　라마단의 마지막 10일 간은 가장 헌신하는 시간으로 무슬림들은 그 기간에 사원 안에서 머물게 된다. 보통 27번째 되는 날을 '권능의 밤(لَيْلَة الْقَدْر)'이라고 하여 밤새워 기도한다. 라마단이 끝난 다음 날부터 '이드알피트르 عِيدُ الْفِطْر'라는 축제가 3일 간 열려 맛있는 음식과 선물을 주고받는다.

라마단 기간에 사원에서 예배 드리는 모습

COFFEE
MENU   R L
오늘의 커피
아메리카노
핸드드립
에스프레소
카페모카
카페 라떼
OTHERS
MENU   R L
홍차
녹차
아이스티
스무디 (딸기·키위)
요거트
MENU

18
P A R T

مَا هِيَ الْأَمَاكِنُ السِّيَاحِيَّةُ الْمَشْهُورَةُ فِي الْبِلَادِ الْعَرَبِيَّةِ؟

아랍 국가의 유명한 관광지는 무엇입니까??

- 아랍 국가명 익히기

- 의문사 كَمْ 의 용법

- 아랍 국가의 대표 유적 관련
  표현 익히기

짤막 회화 01

F مَاذَا فَعَلْتَ فِي الْعُطْلَةِ الصَّيْفِيَّةِ الْمَاضِيَةِ؟

당신은 지난 여름 방학에 무엇을 했습니까?

M سَافَرْتُ إِلَى الدُّوَلِ الْعَرَبِيَّةِ مِثْلَ مِصْرَ وَالْأُرْدُنِّ وَسُورِيَا.

이집트, 요르단, 시리아와 같은 아랍 국가를 여행했습니다.

 مَاذَا فَعَلْتَ فِي الْعُطْلَةِ الصَّيْفِيَّةِ الْمَاضِيَةِ؟

صَيْفِيٌّ 은 صَيْفٌ(여름)의 관계형용사입니다.

 سَافَرْتُ إِلَى الدُّوَلِ الْعَرَبِيَّةِ مِثْلَ مِصْرَ وَالْأُرْدُنِّ وَسُورِيَا.

여행하다	هُوَ	هِيَ	أَنْتَ	أَنْتِ	أَنَا
완료형(과거)	سَافَرَ	سَافَرَتْ	سَافَرْتَ	سَافَرْتِ	سَافَرْتُ
미완료형(현재)	يُسَافِرُ	تُسَافِرُ	تُسَافِرُ	تُسَافِرِينَ	أُسَافِرُ

- سَافَرَ 동사는 '여행하다'의 의미로 '~로 여행하다'로 표현하려면 전치사 إِلَى 를 함께 씁니다.
- دُوَلٌ 은 دَوْلَةٌ(국가)의 불규칙 복수이며, 사물의 복수이므로 여성 단수 취급합니다.

فَعَلْتَ	당신(남성)는 ~했다
عُطْلَةٌ	휴일, 방학
الْمَاضِي	지난
مِثْلَ	~와 같이
مِصْرُ	이집트
الْأُرْدُنُّ	요르단
سُورِيَا	시리아

짤막 회화 02

F كَمْ شَهْرًا أَقَمْتَ فِي الدُّوَلِ الْعَرَبِيَّةِ؟

아랍 국가에서 몇 달 간 머물렀습니까?

M أَقَمْتُ فِيهَا لِمُدَّةِ شَهْرَيْنِ.

두 달 동안 머물렀습니다.

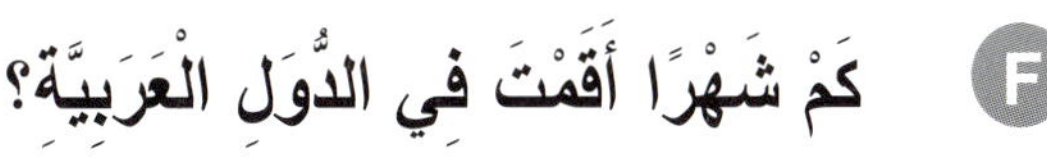

كَمْ شَهْرًا أَقَمْتَ فِي الدُّوَلِ الْعَرَبِيَّةِ؟

체류하다	هُوَ	هِيَ	أَنْتَ	أَنْتَ	أَنَا
완료형(과거)	أَقَامَ	أَقَامَتْ	أَقَمْتَ	أَقَمْتِ	أَقَمْتُ
미완료형(현재)	يُقِيمُ	تُقِيمُ	تُقِيمُ	تُقِيمِينَ	أُقِيمُ

- كَمْ 은 몇, 얼마 등 수량을 묻는 의문사로 묻고자 하는 내용을 كَمْ 뒤에 비한정 단수 목적격 상태로 씁니다.

  당신은 아랍어를 몇 년 공부했습니까? كَمْ سَنَةً دَرَسْتَ اللُّغَةَ الْعَرَبِيَّةَ؟

  지금까지 영화를 몇 편 봤습니까? كَمْ فِيلْمًا شَاهَدْتَ حَتَّى الْآنَ؟

  교실에는 학생이 몇 명 있습니까? كَمْ طَالِبًا فِي الْفَصْلِ؟

- 시간이나 가격을 묻는 의문사 كَمْ 뒤에는 한정 주격이 나타납니다.

  지금 몇 시입니까? كَمِ السَّاعَةُ الْآنَ؟

  가격이 얼마입니까? كَمِ الثَّمَنُ؟

أَقَمْتُ فِيهَا لِمُدَّةِ شَهْرَيْنِ.

- لِمُدَّةِ 은 '~동안'이란 의미로 전치사 لِ 와 مُدَّة (기간)이 합쳐진 말입니다.
- شَهْرَيْنِ 은 شَهْرٌ 월, 달의 쌍수 표현으로 두 달을 뜻합니다.

어휘

سَنَةٌ 해, 년

دَرَسْتَ 당신(남성)이 공부했다

فِيلْمٌ 영화

شَاهَدْتَ 당신(남성)이 봤다, 감상했다

حَتَّى ~까지

الْآنَ 지금

طَالِبٌ 학생

فَصْلٌ 교실

سَاعَةٌ 시간, 시계

ثَمَنٌ 값

F إِلَى أَيْنَ ذَهَبْتَ أَثْنَاءَ زِيَارَتِكَ؟

방문하는 동안 어디에 갔습니까?

M ذَهَبْتُ إِلَى بَعْضِ الْأَمَاكِنِ السِّيَاحِيَّةِ مِثْلَ الْبَتْرَاءِ وَالْأَهْرَامِ وَتَدْمُرَ.

페트라, 피라미드, 팔미라와 같은 몇몇 관광지에 갔습니다.

 إِلَى أَيْنَ ذَهَبْتَ أَثْنَاءَ زِيَارَتِكَ؟

زِيَارَتِكَ는 동명사 زِيَارَةٌ(방문)과 2인칭 남성 접미 인칭 대명사 كَ 가 연결된 형태로 직역하면 '당신의 방문'입니다.

ذَهَبْتَ	당신(남성)은 갔다
أَثْنَاءَ	~동안
زِيَارَةٌ	방문
مِثْلَ	~와 같은
الْبَتْرَاءُ	페트라
الْأَهْرَامُ	피라미드
تَدْمُرُ	팔미라

 ذَهَبْتُ إِلَى بَعْضِ الْأَمَاكِنِ السِّيَاحِيَّةِ.

بَعْضٌ은 '몇몇, 일부의'의 의미로 한정 복수 소유격 형태의 명사가 뒤따릅니다.

بَعْضُ الْأَهْرَامِ 몇몇 피라미드
بَعْضُ الْمُدَرِّسِينَ 몇몇 선생님들
بَعْضُ الطُّلَّابِ 몇몇 학생들

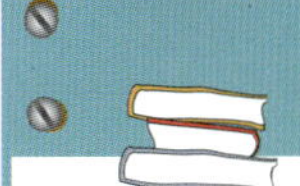

짤막 회화 04

F هَلْ تُوجَدُ آثَارٌ كَثِيرَةٌ هُنَاكَ؟

그곳에 많은 유물이 있습니까?

M نَعَمْ، أَعْجَبَتْنِي الْآثَارُ الْقَدِيمَةُ هُنَاكَ.

네, 그곳의 고대 유적이 나를 사로잡았습니다.

 هَلْ تُوجَدُ آثَارٌ كَثِيرَةٌ هُنَاكَ؟

- تُوجَدُ는 '있다, 존재한다'의 의미로 3인칭 여성 동사입니다. 3인칭 남성 동사는 يُوجَدُ입니다.
- آثَارٌ은 أَثَرٌ(유물, 유적)의 불규칙 복수입니다.
- هُنَاكَ는 '저기'의 의미를 갖는 부사이며 '그곳'으로 해석합니다.

 أَعْجَبَتْنِي الْآثَارُ الْقَدِيمَةُ هُنَاكَ.

- أَعْجَبَ는 '마음에 들게 하다, 만족시키다'의 의미로 마음에 들게 한 것이 주어, 마음에 든 사람이 목적어로 나오는 동사입니다.

أَعْجَبَ 3인칭 남성 완료 / أَعْجَبَتْ 3인칭 여성 완료

يُعْجِبُ 3인칭 남성 미완료 / تُعْجِبُ 3인칭 여성 미 완료

يُعْجِبُنِي هَذَا الطَّعَامُ الْعَرَبِيُّ.

이 아랍 음식이 나를 만족시킨다. → 나는 이 아랍 음식이 마음에 든다.

تُعْجِبُنِي هَذِهِ السَّيَّارَةُ.

이 자동차가 나를 만족시킨다. → 나는 이 자동차가 마음에 든다.

كَثِيرٌ 많은

هُنَاكَ 저기

قَدِيمٌ 오래된, 낡은, 고대의

سُوجِي   مَاذَا فَعَلْتَ فِي الْعُطْلَةِ الصَّيْفِيَّةِ الْمَاضِيَةِ؟

هَانْ سُو   سَافَرْتُ إِلَى الدُّوَلِ الْعَرَبِيَّةِ مِثْلَ مِصْرَ وَالْأُرْدُنِّ وَسُورِيَا.

سُوجِي   كَمْ شَهْرًا أَقَمْتَ فِي الدُّوَلِ الْعَرَبِيَّةِ؟

هَانْ سُو   أَقَمْتُ فِيهَا لِمُدَّةِ شَهْرَيْنِ.

سُوجِي   إِلَى أَيْنَ ذَهَبْتَ أَثْنَاءَ زِيَارَتِكَ؟

هَانْ سُو   ذَهَبْتُ إِلَى بَعْضِ الْأَمَاكِنِ السِّيَاحِيَّةِ مِثْلَ الْبَتْرَاءِ وَالْأَهْرَامِ وَتَدْمُرَ.

سُوجِي   هَلْ تُوجَدُ آثَارٌ كَثِيرَةٌ هُنَاكَ؟

هَانْ سُو   نَعَمْ، أَعْجَبَتْنِي الْآثَارُ الْقَدِيمَةُ هُنَاكَ.

수미	너는 지난 여름 방학에 무엇을 했니?
한수	이집트, 요르단, 시리아 같은 아랍 국가를 여행했어.
수미	아랍 국가에서 몇 달간 머물렀니?
한수	두 달 간 머물렀어.
수미	방문하는 동안 어디에 갔었니?
한수	페트라, 피라미드, 팔미라 같은 몇몇 관광지에 갔었어.
수미	그곳에 많은 유적이 있니?
한수	응, 그곳의 고대 유물들이 나를 사로잡았어.

صَيْفِيّ	여름의
دُوَل	국가(دَوْلَة)의 복수
لِمُدَّة	~동안
أَثْنَاء	~하는 동안
زِيَارَة	방문
مِثْل	~와 같은
آثَار	유물, 유적
قَدِيم	오래된, 낡은

연습 문제

1 대화에서 B가 여행한 국가의 수는?

> A   أَيْنَ سَافَرْتَ فِي الْعُطْلَةِ الصَّيْفِيَّةِ؟
>
> B   سَافَرْتُ إِلَى الْأُرْدُنِّ وَمِصْرَ وَسُورِيَا وَلُبْنَانَ.

① ٣   ② ٤   ③ ٥   ④ ٦   ⑤ ٧

[2-3] 다음 대화를 읽고 물음에 답하시오.

2 빈칸에 들어갈 말로 알맞은 것은?

> A   كَمْ ________ دَرَسْتَ اللُّغَةَ الْعَرَبِيَّةَ؟
>
> B   دَرَسْتُهَا لِمُدَّةِ سَنَتَيْنِ.

① سَنَةً   ② سَنَةٍ   ③ سَنَةَ   ④ السَّنَةَ   ⑤ السَّنَةَ

3 B가 아랍어를 공부한 기간으로 알맞은 것은?

① 6개월   ② 1년   ③ 1년 6개월   ④ 2년   ⑤ 2년 6개월

4 빈칸에 들어갈 말로 알맞은 것은?

> A   مَا هِيَ الْآثَارُ الْمَشْهُورَةُ فِي الدُّوَلِ الْعَرَبِيَّةِ؟
>
> B   هِيَ الْأَهْرَامُ وَتَدْمُرُ وَ ________.

① نَامْ دَاي مُونْ   ② جَزِيرَةُ جِي جُي   ③ نَهْرُ هَانْ
④ دُونغ دَاي مُونْ   ⑤ الْبَتْرَاءُ

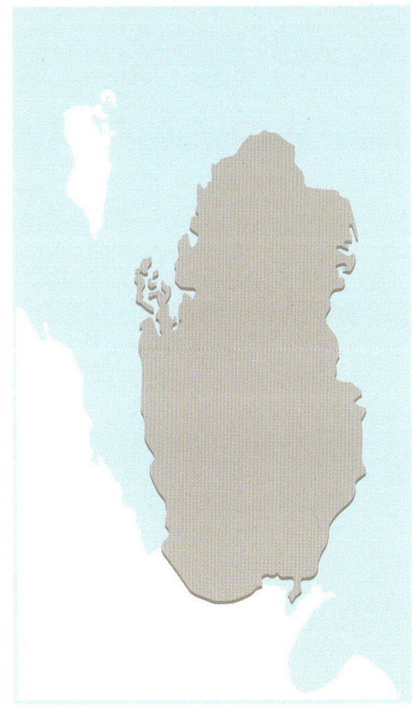

위치	페르시아 만 카타르 반도
공식 명칭	카타르
수도	도하
면적	11,437㎢
인구	약 170만 명(2010)
민족 구성	아랍 인 40%, 인도계 18%, 파키스탄계 18%, 이란계 10%, 기타 14%
종교	이슬람
언어	아랍어, 영어
정치 체제	국왕 중심제
화폐 단위	카타르 리얄(QAR)
기후	사막성 해양 기후
건국일	1971년 9월 3일
GDP	약 1,943억 달러(2011)
1인당 GDP	109,881달러(2011)
주요 자원	석유, 천연가스

정답

- 자음 연결/분리 정답
- 연습 문제 정답

자음 연결
연습 정답

1.	أستاذ	11.	زار	21.	قادم
2.	بيت	12.	سعيد	22.	كتاب
3.	تلميذ	13.	شمس	23.	ليبيا
4.	ثوب	14.	صندوق	24.	مكتب
5.	جوعان	15.	ضابط	25.	نوم
6.	حديث	16.	طالب	26.	هرم
7.	خبز	17.	ظهر	27.	ورد
8.	دجاج	18.	عصير	28.	يمين
9.	ذاهب	19.	غرب		
10.	ربيع	20.	فريد		

자음 분리
연습 정답

1.	أ+ه+ر+ا+م	11.	ز+ي+ت	21.	ق+ط+ا+ر
2.	ب+غ+د+ا+د	12.	س+و+ر+ي+ا	22.	ك+و+ر+ي+ا
3.	ت+ا+ر+ي+خ	13.	ش+ا+ر+ع	23.	ل+ب+ن+ا+ن
4.	ث+م+ن	14.	ص+د+ي+ق	24.	م+س+ا+ء
5.	ج+د+ي+د	15.	ض+ي+ف	25.	ن+ش+ا+ه+د
6.	ح+ي+و+ا+ن	16.	ط+ب+ي+ب	26.	ه+ن+ا+ك
7.	خ+ر+ي+ف	17.	ظ+ر+ف	27.	و+ا+س+ع
8.	د+ف+ت+ر	18.	ع+ط+ش+ا+ن	28.	ي+و+ن+ي+و
9.	ذ+ه+ب	19.	غ+ض+ب+ا+ن		
10.	ر+م+ض+ا+ن	20.	ف+ب+ر+ا+ي+ر		

PART 01

01

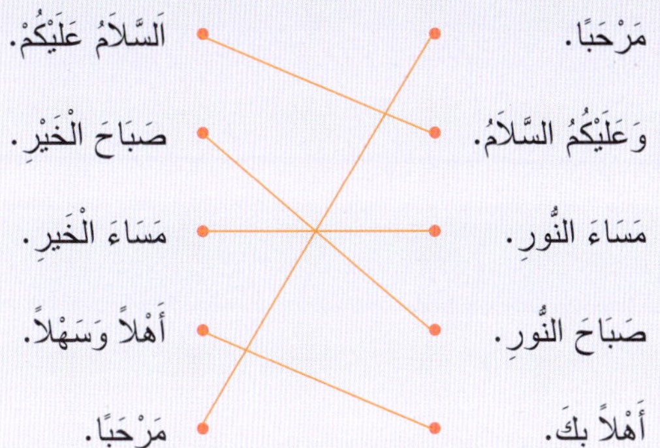

02 정답 ①

무함마드 : 어떻게 지냅니까?

사미르 : 저는 잘 지냅니다. 덕분에.

03 성납 ②

아침 인사   خَالِدٌ : صَبَاحَ الْخَيْرِ. حَامِدٌ : صَبَاحَ النُّورِ.

저녁 인사   خَالِدٌ : مَسَاءَ الْخَيْرِ. حَامِدٌ : مَسَاءَ النُّورِ.

04 정답 ⑤

Ⓑ اَلسَّلَامُ عَلَيْكُمْ. 안녕하세요.

Ⓓ وَعَلَيْكُمُ السَّلَامُ. 안녕하세요.

Ⓒ كَيْفَ الْحَالُ؟ 어떻게 지내십니까?

Ⓐ أَنَا بِخَيْرٍ، اَلْحَمْدُ لله. 저는 잘 지냅니다. 덕분에.

PART 02

01 정답 ①

A 당신(여)의 이름은 무엇입니까?

B <u>나의 이름은</u> 마르얌입니다.

① 나의 이름   ② 당신(남)의 이름

③ 당신(여)의 이름   ④ 그의 이름

⑤ 그녀의 이름

* 명사나 전치사 뒤에 연결되며 소유의 의미를 갖는 접미 인칭대명사

ـِي 나의 / كَ 당신(남)의 / كِ 당신(여)의 /
هُ 그의 / هَا 그녀의

02 정답 ④

A 당신은 어디에서 왔습니까?(어디 출신입니까?)

B 나는 한국에서 왔습니다.

① 당신(여)은 누구입니까?

② 당신의 이름은 무엇입니까?

③ 당신은?

④ 당신은 어디에서 왔습니까?

⑤ 나는 학생입니다.

* أَيْنَ 는 '어디에'의 뜻을 가진 의문사로 보통의 의문사는 문장 앞에 위치하지만 전치사 مِنْ '~로부터'를 그 앞에 배치하면 출신을 묻는 의문문이 됩니다.

03 정답 ③

A 만나서 반가웠습니다.

B 만나서 반가웠습니다.

* 처음 만난 사람과 헤어질 때 하는 인사말입니다.

04 정답 ⑤

ⓒ هَلْ أَنْتَ طَالِبٌ؟ 당신은 학생입니까?

ⓓ لاَ، أَنَا مُدَرِّسٌ. 아니요, 저는 교사입니다.

ⓑ مِنْ أَيْنَ أَنْتَ؟ 당신은 어디 출신입니까?

ⓐ أَنَا مِنْ مِصْرَ. 저는 이집트 출신입니다.

PART 03

01 정답 ②

① 이것은 펜입니다.

② هَذِه سَيَّارَةٌ. 이것은 자동차입니다.

③ 이것은 가방입니다.

④ 이것은 의자입니다.

⑤ 이것은 칠판입니다.

* 명사가 술어인 명사문에서 주어와 술어의 성을 일치시
  킵니다.
  هَذَا 이것(남) / هَذِه 이것(여) / ذَلِكَ 저것(남) /
  تِلْكَ 저것(여)

02 정답 ①

책상 위에 공책과 책, 펜이 있습니다.

* 전치사구가 술어인 명사문에서 주어가 비한정이면 술
  어를 도치시킵니다.

03 정답 ⑤

A 이것은 무엇입니까?

B 이것은 ______ 입니다.

① 교실　　　　　　② 집

③ 운동장　　　　　④ 은행

⑤ 학교

* 주어가 남성 지시대명사이므로 술어도 남성명사로 일
  치시킵니다.

04 정답 ③

A 저기에 <u>무엇</u>이 있습니까?

B 저기에는 공원이 있습니다.

① ~입니까?, 합니까?　　② 무엇입니까?

③ 무엇입니까?　　　　　④ 어디에?

⑤ 누구입니까?

* 대화의 내용으로 보아 의문사 '무엇'이 들어가는 의문사
  입니다. '무엇'이라는 의문사는 مَا 와 مَاذَا 가 있는데 مَا
  뒤에는 명사만, مَاذَا 뒤에는 전치사구, 부사, 동사만 쓸
  수 있습니다. هُنَاكَ (저기)는 부사이므로 빈 칸에는 مَاذَا
  가 들어갑니다.

PART 04

01 정답 ④

A 이것은 <u>가족</u> 사진입니까?

B 네, 이것은 <u>가족</u> 사진입니다.

* 가족과 사진이 연결되는 명사연결형 단어로 뒤 따르는
  단어는 늘 소유격으로 표기합니다.

02 정답 ②

A 그는 <u>당신의</u> 아버지입니까?

B 네, 그는 나의 아버지입니다.

* أَبٌ (아버지) 혹은 أَخٌ (형제)는 접미인칭대명사 ـكَ كَ
  ـهُ ـهَا 가 연결되면 격모음의 장모음이 삽입됩니다.
  당신의 아버지는 أَبُوكَ / 당신의 아버지를 أَبَاكَ /
  당신의 아버지의 أَبِيكَ / 당신의 형제는 أَخُوكَ /
  당신의 형제를 أَخَاكَ / 당신의 형제의 أَخِيكَ

03 정답 ①

A 이 분은 <u>누구입니까</u>?

B 이 분은 나의 어머니입니다.

① 누구입니까　　　　② 무엇입니까

③ 무엇입니까　　　　④ 어디에

⑤ 어떻게

04 정답 ③

A 그녀는 누구입니까?

B 그녀는 ________ 입니다.

Ⓐ 간호사   Ⓑ 사진

Ⓒ 직원   Ⓓ 마르얌

* 간호사와 직원은 직업 관련 단어로 타마르부타가 있어 여성을 나타내고 있으며 마르얌은 여성이름입니다. 하지만 사진은 여성 사물명사이므로 빈칸에 들어갈 말로 알맞지 않습니다.

PART 05

01 정답 ④

① اَلسَّيَّارَةُ كَبِيرَةٌ. 그 자동차는 큽니다.

② اَلْمَكْتَبَةُ بَعِيدَةٌ. 그 도서관은 멉니다.

③ اَلْجَوُّ لَطِيفٌ. 날씨가 화창합니다.

④ 그 공책은 새것입니다.

⑤ اَلصُّورَةُ جَمِيلَةٌ. 그 사진은 예쁩니다.

* 형용사가 술어인 명사문에서 주어와 술어의 성을 일치시킵니다.

02 정답 ⑤

A 오늘 날씨가 어떻습니까?

B 날씨가 __________.

① 아름다운(좋은)   ② 비가 오는

③ 추운   ④ 더운

⑤ 넓은

PART 06

01 정답 ②

A 어제 날씨가 어땠습니까?

B 날씨가 더웠습니다.

* كَانَ 동사는 명사문을 과거시제로 만들 때 쓰입니다. كَانَ 동사의 술어가 명사나 형용사인 경우 술어는 목적격을 취합니다.

02 정답 ③

A 당신은 어제 어디에 있었습니까?

B 나는 학교에 있었습니다.

① 그는 ~이었다.   ② 그녀는 ~이었다.

③ 당신(남)은 ~이었다.   ④ 나는 ~이었다.

⑤ 우리는 ~이었다.

03 정답 ①

A 내일 날씨가 어떨까요?

B 날씨가 따뜻할 것입니다.

① 그는 ~일 것이다

② 그는 ~이었다

③ 그녀/당신(남)은 ~일 것이다

④ 그녀는 ~이었다

⑤ 나는 ~이다

* 날씨는 사물이므로 3인칭으로 간주하며 남성명사입니다. 그리고 내일의 날씨를 묻고 있기 때문에 كَانَ 동사의 3인칭 남성 미래시제를 씁니다.

04 정답 ③

A 시험이 어렵습니까?

B 아니요, 시험은 어렵지 않습니다.

* لَيْسَ 는 명사문을 부정문으로 만드는 부정사입니다. لَيْسَ 의 술어가 명사나 형용사인 경우 술어는 목적격을 취합니다.

PART 07

01 정답 ⑤

A 선생님! 질문이 있습니다.

B 해보세요.

① 좋은 생각입니다.　　② 신의 뜻대로

③ 이것은 무엇입니까?　④ 그는 누구입니까?

⑤ ~하세요

* تَفَضَّلْ 은 권유할 때나 물건을 건넬 때, 허락할 때 쓰는 관용 표현입니다.

02 정답 ①

A 당신을 펜을 가지고 있습니까?

B 네, 저는 펜을 가지고 있습니다.

① 나에게는 있다

② 당신(남)에게는 있다

③ 당신(여)에게는 있다

④ 그에게는 있다

⑤ 그녀에게는 있다

03 정답 ③

A 시험이 언제입니까?

B 내일입니다. 인샤알라.

① 나에게 질문이 있습니다

② 하세요

③ 신의 뜻대로

④ 나에게는 없습니다

⑤ 실례합니다

* إِنْ شَاءَ اللهُ. 는 직역하면 '신이 원하신 대로'이며 약속실현의 긍정적인 표현입니다. 미래에 있을 일에 대해 확인하거나 기대할 때 쓰는 관용 표현입니다.

04 정답 ②

A 약속이 언제입니까, 하미드?

B 저녁에요.

* 호격사 يَا 는 사람의 이름이나 직함을 부를 때 쓰는 표현입니다. يَا 뒤에는 이름이나 직함을 탄윈이 탈락한 주격으로 표기합니다.

PART　08

01 정답 ①

A 실례합니다. 은행이 어디에 있습니까?

B 은행은 대학교 앞에 있습니다.

① 실례합니다

② 당신은 어디에서 왔습니까

③ 안녕하세요

④ 좋은 아침입니다

⑤ 조금

02 정답 ④

A 대단히 감사합니다.

B 천만에요.

03 정답 ②

A 버스정류장이 어디에 있습니까?

B 앞으로 걸어가세요.

* اِمْشِ مَشَى (걷다)의 명령형 동사입니다.

04 정답 ④

A 은행이 여기에서 가깝습니까?

B 은행은 여기에서 멉니다.

* قَرِيبٌ مِنْ ~에서 가까운 / بَعِيدٌ عَنْ ~에서 먼

PART　09

01 정답 ②

A 당신은 대학에서 무엇을 공부합니까?

B 나는 한국어를 공부합니다.

* يَدْرُسُ 그가 공부한다 / تَدْرُسُ 그녀, 당신(남)이 공부한다 / تَدْرُسِينَ 당신(여)이 공부한다 / أَدْرُسُ 나는 공부한다.

02 정답 ③

A 카리마 당신은 언제 집에 <u>돌아갑니까</u>?

B 나는 저녁에 돌아갑니다.

① 그는 돌아간다

② 그녀, 당신(남)이 돌아간다

③ 당신(여)이 돌아간다

④ 나는 돌아간다

⑤ 우리는 돌아간다

* 여성인 카리마에게 묻고 있으니 رَجَعَ (돌아오다, 돌아가다) 동사를 2인칭 현재동사로 활용합니다.

03 정답 ①

A 당신은 <u>어제</u> 무엇을 했습니까?

B 나는 한국어를 공부했습니다.

A 당신은 <u>지금</u> 무엇을 하고 있습니까?

B 나는 책을 읽고 있습니다.

* أَمْسِ 어제 / غَدًا 내일 / اَلْآنَ 지금

04 정답 ②

A 당신은 어떻게 대학교에 갑니까?

B 자동차를 타고 갑니다.

* 전치사 بِ 는 교통수단 앞에 쓰이면 '~을 타고'로 해석합니다.

PART **10**

01 정답 ②

A <u>당신</u>은 영화 보는 것을 <u>좋아합니까</u>?

B 네, 나는 영화 보는 것을 좋아합니다.

① 그는 좋아한다

② 그녀, 당신(남)은 좋아한다

③ 당신(여)은 좋아한다

④ 나는 좋아한다   ⑤ 우리는 좋아한다

02 정답 ④

A 우리 함께 영화보겠습니까?

B 좋은 생각입니다.

03 정답 ③

A 당신의 취미는 무엇입니까?

B 나의 취미는 영화 감상입니다.

04 정답 ④

A <u>우리 함께 축구합시다</u>.

B 좋아요.

① 어떤, 어느   ② 무엇입니까

③ ~야(호격사)   ④ 자, 우리 ~하자

⑤ 어디에

* هَيَّا (자, 우리 ~합시다) 뒤에는 행동과 관련한 동사를 '우리'가 주어인 현재시제로 씁니다.

PART **11**

01 정답 ④

A 무엇을 드시겠습니까?

B 빵과 샐러드를 원합니다.

* أُرْزّ 밥 / سَلَطَة 샐러드 / خُبْزٌ 빵 / لَحْمٌ 고기 / سَمَكٌ 생선

02 정답 ③

A 당신은 <u>어떤</u> 아랍음식을 좋아합니까?

B 나는 케밥과 쿠스쿠스를 좋아합니다.

① 무엇입니까   ② 무엇입니까

③ 어떤, 어느   ④ 어떻게

⑤ 왜

03 정답 ⑤

A 무엇을 드시겠습니까?

B 나는 밥과 생선을 <u>먹겠습니다</u>.

221

Ⓐ 나는 취한다, 먹는다　Ⓑ 나는 방문한다

Ⓒ 나는 한다　Ⓓ 나는 원한다

Ⓔ 나는 먹는다

* 음식을 먹겠다는 표현으로 آكُلُ / أُرِيدُ / آخُذُ 동사를 상황에 따라 모두 쓸 수 있습니다.

04 정답 ①

A 당신을 무엇을 먹고 싶습니까?

B 나는 소고기와 밥을 먹고 싶습니다.

① 식당　　　② 학교

③ 은행　　　④ 우체국

⑤ 시장

PART 12

01 정답 ②

A 어디가 아프십니까?

B 머리에 통증을 느낍니다.

① 어머니와 교사　　② 의사와 환자

③ 직원과 기술자　　④ 교사와 학생

⑤ 판매원과 기술자

02 정답 ④

A 당신은 두통이 있습니까?

B 아니요, 배가 아픕니다.

PART 13

01 정답 ③

A 무엇을 원하십니까?(무엇을 도와드릴까요?)

B 나는 셔츠를 사고 싶습니다.

① 몇 킬로그램?

② 이것은 어떻습니까?

③ 무엇을 도와드릴까요?

④ 당신은 어디에 있습니까?

⑤ 당신은 언제 돌아옵니까?

02 정답 ①

(1) 교실, 계절　　　**(2)** 나를

(3) 만족시키다　　**(4)** 셔츠가

(5) 이것

* 카드를 완성하면 يُعْجِبُنِي هَذَا الْقَمِيصُ (나는 이 셔츠가 마음에 든다)가 됩니다.

03 정답 ②

A 이 가방은 당신(남)에게 어울립니다.

B 이 가방을 주세요.

① ~와 함께　　　② ~를 위해, ~에게

③ ~앞에　　　　④ ~에

⑤ ~위에

* '~에게 어울리는'이라는 표현을 하려면 مُنَاسِبٌ 뒤에 전치사 لِ 를 씁니다. 전치사 لِ 는 접미대명사 كَ هُ هَا كَ 가 연결되면 لَ 로 변합니다.

04 정답 ②

A 이 셔츠는 <u>얼마입니까?</u>

B 5 디나르입니다.

① 어디에　　　② 얼마입니까

③ 어떤, 어느　　④ 이름이 무엇입니까

⑤ 어떻게

PART 14

01 정답 ④

A 당신은 몇 시에 출근합니까?

B 8시 30분에요.

02 정답 ④

① 4시 15분 　　② 3시 45분

③ 5시 20분 　　④ 4시 40분

⑤ 6시 30분

03 정답 ①

A 지금 몇 시 입니까?

B 한 시 입니다.

① 지금 몇 시 입니까?

② 무엇을 원하십니까?

③ 이것은 얼마입니까?

④ 당신은 어떻게 갑니까?

⑤ 당신은 무엇을 공부합니까?

04 정답 ③

A 지금 9시입니다. 언제 집에 돌아옵니까?

B 30분 후에요. 인샤알라.

PART **15**

01 정답 ④

A 당신은 당신의 조국으로 언제 떠날 예정입니까?

B 나는 ________ 떠날 것입니다. 인샤알라.

Ⓐ 어제 　　Ⓑ 오는 토요일에

Ⓒ 내일

02 정답 ①

A 오늘은 무슨 요일입니까?

B 오늘은 목요일입니다.

① 일주일 　　② 가족

③ 교수 　　④ 이름

⑤ 통증

03 정답 ②

A 당신은 지난 일요일에 시리아에 도착했습니까?

B 아니요, 지난 월요일에 도착했습니다.

04 정답 ⑤

A 우리 내일 도서관에 갈까요?

B 좋습니다. 그러면 버스정류장에서 만납시다.

PART **16**

01 정답 ③

A 사미라 당신은 어떻게 어머니를 돕습니까?

B 음식을 요리합니다.

① 그는 돕는다

② 그녀, 당신(남)는 돕는다

③ 당신(여)은 돕는다

④ 나는 돕는다

⑤ 우리는 돕는다

02 정답 ②

A 당신은 보통 당신의 아버지를 어떻게 돕습니까?

B 아버지의 차를 세차합니다.

* أَبٌ(아버지)와 أَخٌ은 접미인칭대명사가 연결되면 장모음이 삽입됩니다.

03 정답 ①

A 당신은 내일 나를 도와줄 수 있습니까?

B 기꺼이.

04 정답 ⑤

A 당신은 보통 일요일에 어떻게 시간을 보냅니까?

B 집을 청소합니다.

① 수영하다 　　② 공부한다

③ 감상한다 　　④ 읽는다

⑤ 청소한다

01 정답 ④

A 한국의 유명한 <u>관광</u>지는 무엇입니까?

B 제주도와 국립박물관이 있습니다.

* أَمَاكِنُ 는 مَكَانٌ 의 복수단어로 사물의 복수이므로 여성 단수 취급합니다. 형용사는 명사를 수식할 때 명사의 모든 특징과 일치해야 합니다.

02 정답 ②

무함마드는 국립박물관과 남대문시장, 민속촌, 제주도를 방문했습니다.

03 정답 ①

A 한국인들은 보통 무엇을 먹습니까?

B 많은 <u>한국인들이</u> 밥과 김치를 먹습니다.

* كَثِيرٌ مِنْ 은 '~이 많은'의 의미로 전치사 مِنْ 뒤에는 명사를 한정복수소유격으로 씁니다.

한국인은 규칙복수로 변화합니다.

كُورِيُّونَ 한국인들은 / كُورِيِّينَ 한국인들을, 들의

04 정답 ③

A 당신은 오는 목요일에 당신의 조국으로 떠납니까?

B 네, 10월 4일입니다.

PART 18

01 정답 ②

A 당신은 여름방학에 어디로 여행갔습니까?

B 나는 요르단, 이집트, 시리아, 레바논을 여행했습니다.

* ١=1 ٢=2 ٣=3 ٤=4 ٥=5 ٦=6 ٧=7 ٨=8
٩=9 ١٠=10

02 정답 ③

A 당신은 아랍어를 몇 <u>년</u> 공부했습니까?

B 나는 아랍어를 2년간 공부했습니다.

* 의문사 كَمْ 뒤에는 명사를 비한정 단수 목적격 형태로 표기합니다.

03 정답 ④

* 쌍수는 둘을 표현하는 형태로 단어 뒤에 ـَانِ (주격) 혹은 ـَيْنِ (목적격, 소유격)로 표시됩니다.

04 정답 ⑤

A 아랍국가의 유명한 유적은 무엇입니까?

B 피라미드와 팔미라, 페트라입니다.

① 남대문　　　　　② 제주도

③ 한강　　　　　　④ 동대문

⑤ 페트라

* 피라미드 = 이집트 / 팔미라 = 시리아 / 페트라 = 요르단

동양북스 채널에서 더 많은 도서
더 많은 이야기를 만나보세요!

외국어 출판 45년의 신뢰
외국어 전문 출판 그룹
동양북스가 만드는 책은 다릅니다.

45년의 쉼 없는 노력과 도전으로 책 만들기에 최선을 다해온
동양북스는 오늘도 미래의 가치에 투자하고 있습니다.
대한민국의 내일을 생각하는 도전 정신과 믿음으로 최선을 다하겠습니다.

동양북스